ちくま新書

危機に立つ東大

——入試制度改革をめぐる葛藤と迷走

石井洋二郎
Ishii Yojiro

1473

危機に立つ東大——入試制度改革をめぐる葛藤と迷走【目次】

第3章　英語民間試験問題　

第4章 国語記述式問題 167

終章 大学の使命 217

序章

諦念の時代

†集合的記憶喪失

「無理が通れば道理が引っ込む」という慣用句がある。「道理にはずれたことが世の中に行われれば、正しいことがなされなくなる」(『大辞林』)という意味だが、確かに昨今の世の中では「道理にはずれたこと」があちらこちらで横行していて、「正しいこと」がどんどんなされなくなっているという印象を受ける。

たとえば二〇一七年前半に話題になった森友学園の用地取得と加計学園の獣医学部新設にまつわる疑惑(俗にいうモリカケ問題)は、今もっておよそ納得のいく形で真相が究明されたとは言いがたい。

また、これにともなって発覚した財務省による資料の隠蔽・改竄問題も、二〇一七年の新語・流行語大賞を受賞するにいたった「忖度」の目に余る蔓延ぶりと想像以上の根深さを端的に象徴するものであった。

さらに、ほとんど「恒例の」と言いたくなるほど定期的に繰り返される政治家たちの問題発言にいたっては、文字通り枚挙にいとまがない。

かつての厚生労働大臣の「女は産む機械」(二〇〇七年)という発言はすでに旧聞に属す

るが、近年の事例をざっと振り返ってみても、「(大震災が) まだ東北でよかった」(二〇一七年)、「(LGBTの人たちは) 生産性がない」(二〇一八年)、「(北方領土を取り戻すにはロシアと) 戦争しないとどうしようもない」(二〇一九年)、「(甚大であった台風の被害が) まずまずに収まった」(同) 等々、およそまともな常識の持主なら口にするはずのない無神経な妄言を数えあげればきりがなく、いちいち思い出すのもむずかしいほどだ。

自分のいい加減さを棚にあげて他人の不見識や不始末をあげつらう趣味はもちあわせていないが、それにしても以上のような現状をまのあたりにすると、この国ではもはや「良識」とか「正義」といった言葉は死語と化してしまったのではないかと、嘆息せずにはいられない。

ところが慣れというのは恐ろしいもので、この種の報道が繰り返されるうちに、私たちの感覚は知らず知らずのうちに麻痺してしまい、「ああ、またか」程度の感想しか抱かなくなっている。本当はずいぶんおかしいことであるはずなのに、それほどおかしいとも思わなくなっている。そして本来なら黙って見過ごすことのできないはずのできごとも、日々の生活に追われているうちに記憶の片隅に追いやられている。

じっさい、最初に挙げたモリカケ問題とそれにともなう財務省の資料隠蔽・改竄問題は、国会でのたび重なる追及や抗議デモなどで一時的な盛り上がりを見せはしたものの、その後の選挙において明確な争点とされることはなく、二〇一九年八月一〇日には大阪地検特捜部が関係者の不起訴処分を決定して中途半端なまま幕引きとなり、そのまま人々の関心から遠ざかりつつあるような雲行きである。

政治家たちによる一連の問題発言についていえば、これらはおそらく失言というよりも本音の不用意な吐露なのであろうから、本気で再発防止をはかるのであれば、彼らの倫理観そのものを矯正すべく根本的な再教育をおこなわなければならないはずだ。

ところが実際は、一時的に湧きあがった批判の声を受けて「誤解を招いたとすれば……」「不快の念を与えたとすれば……」といった仮定法の決まり文句で始まる形ばかりの謝罪が繰り返されるばかりで、真摯な反省がなされた様子は見受けられない。まるで誤解したり不快の念を覚えたりするほうが悪いとでも言わぬばかりの開き直った物言いには、ほとんど救いがたい傲慢さが露呈していると思うのだが、多くの場合は発言者の本音自体にひそむモラルの低さが問われることはなく、単なる慎重さの欠如だけが反省材料であったかのような決着で終わりになる。

これではいつまでたっても、同様の問題発言が後を絶たないだろう。

このように、現在の日本ではさまざまな局面で、理不尽としか言いようのないできごとが頻発している。しかしどういうわけか、あらゆることがうやむやなままで放置され、いつのまにか「令和」を寿《ことほ》ぐ大合唱に呑み込まれてしまったという印象がぬぐえない。そして何ごともなかったかのように、淡々と日常が進行していく。あたかも、国民全体が集合的記憶喪失に陥ってしまったかのように。

これはまことに由々しい状況ではなかろうか。

†諦念の時代

漠然とではあれ、こうした状況にいらだちを覚えている人はかなりの数にのぼるにちがいない。にもかかわらず、多くの人たちは自分の感覚に明確な言葉を与えることができぬまま、心中にくすぶるもやもやした疑問や憤懣をなだめすかしながら生きている。

確かに、「それはおかしいではないか」とか「どうしてこんなことになるのか」とは思っていても、「ここがこのようにおかしいからいけないのだ」とか、「こういう考え方をするからまちがった結果になるのだ」というふうに筋道を通して説得的に語ることは容易ではない。そのやり方がわからないために、「どうせ言ってもわかってもらえない」、「何も言わずにいるほうが簡単だ」というあきらめの境地に陥り、けっきょく割り切れない思いを抱えたままで黙り込んでしまう人は少なくないように思われる。

その意味で、現代はまさに「諦念の時代」と言うべきかもしれない。

だが、諦念とその結果としての沈黙は、けっきょくのところ「道理にはずれたこと」の拡大や増殖を助長することにしかならない。困難ではあっても、自分の中に沈澱しているささやかな違和感をすくいあげて言語化すること、体の深いところに鬱積しているわだかまりを明晰な言葉に溶かし込んでやることは、やはり必要な作業だろう。

私はフランス文学研究を専門とする一介の学者にすぎない。そしておもにフランス語教育を担当する教養学部の教員として、三〇年近く東京大学に勤務してきた。

だいたい文学研究者というのは、好きな本に囲まれて作品を読んだり文章を書いたりしていればそれで満足、世間で起きていることにはあまり関心をもたないケースが多い。もちろんひとりの市民である限り、政治問題や社会問題に無関心であっていいはずはないし、世事を離れた「象牙の塔」に引きこもって超然と生きていられるはずもないのだが、私自身はどちらかといえば、ごくありふれた穏健な研究者集団に属する人間であり、みずから政治的発言をしたり社会的活動に身を投じたりするタイプではないと自認している。

学者であることが免罪符になるなどとはけっして思わないが、できることなら世の中の動きにいちいちわずらわされたくない。社会のできごとに直接関与しなくてすむのであれば、それに越したことはない。少しでも時間があれば、書斎にこもって静かに書物と対話したり文章を書いたりすることに集中していたい。

ところが年齢を重ねるにつれて、そんな私も所属先の学部や大学本部で一定の責任を負わなければならない役職につくことになった。二〇一三年二月半ばからの二年と一か月半は教養学部長（正式には「大学院総合文化研究科長」だが、ここでは一般にわかりやすい言い方をしておく）、そして二〇一五年四月から二〇一九年三月までの四年間は理事・副学長を務めたのだが、任期中は立場上否応なく、数々の面倒な課題に直面せざるをえなかった。そしてその中には、「さすがにこれはおかしい」と思わずにいられないケースがひとつならず含まれていたのである。

それらは主として大学の入試制度や教育制度に関する問題であって、その限りでは国家の命運を左右するほどの一大事というわけではないのかもしれない。しかし短い期間ではあれ、未来を担うべき人材の育成に責任を負う立場に身を置いた人間としては、どれもけっして看過することのできない、それなりに重要なことがらであるように思われた。そしていずれのケースも、大学という場がある種の「危機」に直面していることを実感せずにはいられない問題ばかりであった。

本書は、私が大学人として成り行き上多かれ少なかれコミットすることになったいくつかの事例を通して、およそ教育・研究の場にふさわしからぬ「無理」がしばしば通ってしまうのはなぜなのか、そして「道理を通せば無理が引っ込む」という本来の筋道を取り戻すにはどうすればいいのかを考える試みである。

具体的には、第1章で「秋入学問題」、第2章で「文系学部廃止問題」、第3章で「英語民間試験問題」、第4章で「国語記述式問題」を、それぞれとりあげることにする。時系列的に少しずつずれていたこともあって、これら四つの問題に私が関与してきた立場や度合いは一様ではないが、いずれも社会的に少なからず話題になったケースばかりである。

前半の二章はかならずしも「入試制度改革をめぐる葛藤と迷走」という本書のサブタイトルに直接対応するものではないが、広い意味ではやはり入試と無関係ではない。また、後半の二章でとりあげるのは、まさに入試制度改革そのものをめぐる現在進行形のアクチュアルな問題である。したがって本書が刊行されるころにはすでに状況が変化している可能性も小さくないのだが、事態の推移を追うことが本旨ではなく、あくまでもその背後にある思考のあり方について考察することがねらいなので、もし記述内容が現実の展開に追い越されてしまっている部分があったとしてもご寛恕願いたい。

第１章

秋入学問題

1　秋季入学構想の加速

†議論の底流

「秋入学問題」といっても、ああ、そういえばそんなこともあったなという程度で、すでに詳しいことは忘れてしまったという人が大半だろう。そこで、まずはだいたいの経緯を振り返っておきたいのだが、その前に、私はけっして秋入学への移行という主張そのものがまちがっていたと考えているわけではないということをことわっておく。

それどころか、推進派の人たちの議論はひとつの立派な「道理」であったとも思っている。その意味で、これは後で扱う三つの問題とは根本的に性格が異なるのだが、それだけに、この提言がけっきょく実現に至らなかったのはなぜなのか、その理由を検証することには小さからぬ意義があると感じているので、以下ではそのあたりに焦点を当てて論じてみたい。

じつをいえば、わが国で秋季入学構想が話題になり始めたのはそれほど新しいことではない。すでに一九八七年の八月には、政府の臨時教育審議会の答申に「将来、我が国の学校教育を秋季入学制に移行すべく、関連する諸条件の整備に努めるべき」という提言が盛り込まれていた。

これは大学だけでなく、初等教育から高等教育までのすべてについて述べたものだが、大学については大学審議会が一九九八年一〇月、「学年暦の異なる諸外国への留学及び我が国への留学生の受入れを促進するため」に秋入学を柔軟に導入できるような法整備をすべきであると提言し、二〇〇〇年一一月には「秋季入学を円滑に導入するための大学教育の工夫・改善も行われることが求められる」と答申している。

また同年一二月には、教育改革国民会議が「教育を変える17の提言」のひとつとして、「国際化を推進し、高校卒業後の学生に社会体験などの時間を与える観点から、大学の9月入学を積極的に推進する」ことを掲げていた。

同様の趣旨は、七年後の二〇〇七年六月に教育再生会議が公表した報告書にも記されている。しかも、今度は「日本版ギャップイヤー」の導入、学校教育法施行規則の改正、さらには九月入学を推進する大学への運営費交付金や私学助成金による支援といった具体的施策への言及もあり、かなり踏み込んだ内容となっていた。

というわけで、秋入学への移行の可能性はもう三〇年以上前から何度となく政府筋の審議会等でとりあげられてきたのであり、けっして目新しいアイデアだったわけではない。しかし大学の現場に身を置いていると、日ごろからこの問題が教員のあいだで話題になったことは一度もなく、まったく現実味のない他人事《ひとごと》にすぎなかったというのが正直なところである。

東京大学でこの問題が最初に浮上したのは、二〇一一年四月のことであったようだ。「ようだ」などとあいまいな書き方をしたのは、大学本部で当時そうした動きが進んでいたことを、教養学部の一教員であった私はまったく知らなかったからである。

私は（自慢にもならないが）教員として在職中の二九年間、海外研修で日本を離れていた期間を別にすれば、教授会というものを一度も欠席したことがない。だからこれほどインパクトの大きい議案がとりあげられていれば印象に残らなかったはずはないのだが、そのような話を聞いた覚えはないのである。

もしかすると私が聞き逃していただけなのかもしれないが、同僚のあいだでもこの件が話題になった記憶はないので、私のみならず、おそらくこの時点では大半の教授会メンバーも事情を知らなかったのではないかと思う。

当時の濱田純一総長が就任したのは、二〇〇九年四月一日。それからおよそ一年をかけて、六年間に及ぶ任期中の基本方針である「東京大学の行動シナリオ FOREST2015」が策定され、二〇一〇年三月に公表された。ただしそこには「タフな東大生の育成」と「グローバル・キャンパスの実現」という文言は書き込まれていたものの、秋入学に関する直接的な言及は見られなかった。

内向きで消極的な学生のマインドを転換して「タフでグローバル」な東大生を育成しなければならないという基本的な問題意識は、おそらく就任当初から総長の頭の中にあったにちがいない。けれどもそれが秋入学への移行という具体的な構想として、当初から明確に打ち出されていたわけではないのである。

†最初の新聞報道

その後、一年間かけて前記「行動シナリオ」の最初のフォローアップ作業がおこなわれた結果、二〇一一年四月には「将来的な入学時期の在り方についての検討」という課題が新たに盛り込まれることとなった。そしてこの問題を検討する全学的な場として、「入学時期の在り方に関する懇談会」（以下、単に「懇談会」と記す）が立ち上げられた。これが東大におけるいわゆる秋入学問題の、そもそもの始まりである。

ところが前述した通り、こうした一連の動きは私の周辺ではほとんど知られていなかった。私がはじめて事の進捗状況を知ったのは、二〇一一年七月一日の日本経済新聞一面トップに、いきなり「東大、秋入学への移行検討」という見出しが躍ったときである。

私は当時、教養学部の副学部長を務めていたが、そんな立場にあってもなお、詳細な経緯はまったく承知していなかったので、このニュースは文字通り「寝耳に水」であった。信じられないかもしれないが、他学部はいざ知らず、少なくとも教養学部では、学内のしかるべきルートで情報共有がなされる前に、多くの教員が新聞報道で自分の大学の動きを知ったというのが実態だったのである。

件《くだん》の新聞紙面を見てみると、センセーショナルな見出しの後には、次のような要約の文章が続いていた。

東京大学は、入学時期を春から秋に移行させる検討に入った。国際標準である秋入学の導入で、海外大学との留学生交換を円滑にし、大学の国際化を加速させるとともに、学生に入学までに社会経験を積ませることが狙い。年内にも結論を出す。東大が秋入学に踏み切れば、他大学の入学時期や官庁・企業の採用活動などに大きな影響を与えることは必至だ。

そして記事の本文には、世間のおもな関心事である入試については現行の日程を変更しない予定であること、したがって三月の高校卒業時から入学時までには半年近くの空白期間が生じるが、この「ギャップイヤー」は入学予定生たちの海外留学やボランティア活動に利用することが考えられていることなどが記されていた。

さらに、「今の春入学制度は10年はもっても50年はもたない。可能な限り早くグローバルスタンダードに合わせるべきだ。秋へ移るなら完全に移った方がいい」という総長のコメントも付け加えられている。

また、同じ日（七月一日）の日経新聞社会面（三八面）には、このトップ記事を補足する関連記事が掲載されていた。そちらの見出しは「東大、国際競争に危機感――留学生数など見劣り」となっていて、この案が浮上してきた背景がより具体的に解説されている。

それによれば、二〇一〇年五月の時点で東大全体の外国人留学生数は二八七二名、二〇〇一年と比べれば約八〇〇名増加しているものの、けっして多いとはいえない。全学生に占める外国人留学生の比率は、シンガポール国立大学が三〇%、オックスフォード大学が二九%、ケンブリッジ大学とマサチューセッツ工科大学が二七%であるのにたいし、東京大学は約四分の一の七・六%であるから、明らかに見劣りしている。

しかも、記事には書かれていないが、右の数字の九割近くは大学院レベルでの留学生であり、学部段階に限ってみればその数は二九六名、比率にして二%を辛うじて超える程度である。

もっと深刻なのは外国留学中の日本人学生の少なさで、同じ時点での調査によればその数は三〇一名、受け入れ数と比較すれば約一〇分の一にすぎない。しかもその多くはやはり大学院生が占めていて、学部段階に限ってみればわずか四八名。比率にして全学部生の〇・三四%弱であるから、さすがに目立って低い数字である。

こうしてみると、この状況をなんとか打開しなければならないという焦燥感が大学執行部内に広がっていたとしても不思議はない。「東大、国際競争に危機感」というフレーズは、以上のような現状認識を端的に表すものだったわけである。

†いくつかの疑問

同じ社会面の記事は「ギャップイヤー」について、イギリスでは高校卒業から大学入学までに一六か月の空白期間が定着していることを紹介し、積極的な活用可能性を示唆する一方、社会体験やボランティア活動などの受け皿がじゅうぶんに準備されないと、けっきょくその間に何をしていいかわからず、高校卒業後に単なる「無為の時間」を生じさせかねないという懸念も表明している。

また、日本では「入学式は桜の季節」という特有の季節感が定着しているので秋入学は感覚的になじみにくいという情緒的な側面から、企業・官庁の採用時期や種々の国家試験のスケジュールとのずれが生じて学生たちに不利益をもたらしかねないという現実的な側面まで、構想の実現にあたって想定されるさまざまな課題が指摘されていた。

記事は全体にバランスのとれた内容で、東大での検討状況をほぼ正確に伝えるものであったと思うが、これを読んだ私の頭の中には、即座にいくつかの疑問が湧いてきた。

第一の疑問。まずギャップイヤーについてだが、入試の時期を変えずに入学時期だけを遅らせた場合、入学予定者たちは半年間の空白期間中、あくまで「予定者」にすぎないことになるので、正式には浪人生と同様、高校生でも大学生でもない中途半端な状態に置かれることになる。その間に生じる身分上の不利益や余分の経済負担に関して、大学はいったいどう対応するのか。

四月入学・九月授業開始であれば、大学の責任において多彩なプログラムを提供できるし、海外留学の支援もできるだろう。しかしまだ入学していない学生たちは東大生としての身分を有しないので、彼らに社会体験やボランティア活動への参加を強制することはできない。ましてや、留学をさせることなどできない。

もし大学が介入するのであれば、四月入学はそのままにして学生の身分を正式に与え、その上で最初の半年間を初年次教育プログラムにあてるというのが本来のやり方だろう。でないと、けっきょくギャップイヤーの活用法が家庭の事情や経済状態によって左右されてしまうおそれがある。

要するに、四月入学・九月授業開始と九月入学とではまったく意味が異なるはずなのだが、秋入学という旗印にこだわる人たちはその違いを正確に認識しているのだろうか。

第二の疑問。他大学の対応が未定のままで東大だけが秋入学に移行すれば、早く勉強を始めたい学生は四月入学の大学に流れてしまうのではないか。

東大は最初の二年間を主として教養教育にあてているので、学部縦割りで教育をおこなっている多くの大学より専門分野を学び始める時期がどうしても遅くなる。秋入学になるとそれがさらに半年遅れることになるので、医学部のようにカリキュラムが稠密な分野では、四月からすぐに勉強を始められる他大学への進学を選ぶ学生も少なくないにちがいない。またそれ以外の学部に関しても、卒業時期が半年遅れて就職等が不利になるリスクを承知の上で、わざわざ東大に来ようと思う学生がどれだけいるだろうか。

第三の疑問。確かに留学生比率（特に外国に出ていく学部生の比率）の低さは顕著であり、もう少し多くの学生が海外体験を積んだほうがいいとは思うが、入学時期を欧米と同期させることが果たして本当に有効な解決策となりうるのだろうか。

学事暦が半年間ずれていることにともなう不都合があることは否定できないにしても、逆にその期間を語学研修など、留学準備のために使えるというメリットもあるのではないか。学生がなかなか留学しようとしないのは、むしろ未知の環境に身を置くことを好まない彼らのマインドの問題であって、かならずしも入学時期のずれに主たる要因があるわけではないように思われる。

そして第四の疑問。何よりも、秋入学にしてしまうと、毎年四月に入学してくる新入生たちの目の輝きが失われてしまうのではないか。

これはおそらく、白紙の状態で入ってくるすべての一年生に最初に接する教養学部の教員ならではの感覚であり、専門分野が決まった状態で三年次（実質的には二年次の後半）から自学部への進学生のみを受け入れる他学部の教員にはなかなか理解できないことかもしれない。しかし個人的には、「鉄は熱いうちに打て」ということわざの通り、新入生はできるだけ早く大学に受け入れて新しい環境・新しい人間関係に触れさせることが重要であるというのが、私の偽らざる実感であった。

以上が第一報を受けての感想だが、さきほど見た日経新聞一面の見出しには「検討」という言葉が使われていたので、突然の記事に驚きはあったものの、このときはまださほどの切迫感があったわけではない。いずれ各学部にもしかるべきルートで話が下りてきて議論が始まるのであろうというのが大方の受けとめ方であったと思うし、私自身もそのように考えていた。

しかしその後しばらくはこの事案が学部に還元される様子もなく、本部での作業が着々と進行していったのである。

†二度目の新聞報道

次の大きな節目は約半年後、年が明けて二〇一二年一月一八日に訪れた。同じく日本経済新聞が一面トップに、「東大、秋入学に全面移行」という見出しを掲げたのである。

要約文は以下の通り。

入学時期の見直しを検討していた東京大学（浜田純一学長）〔姓の表記は原文通り〕の懇談会が、学部の春入学を廃止し、国際標準である秋入学への全面移行を求める中間報告をまとめたことが17日わかった。入学試験は現行通り春に行う。国際化の推進と、入学前の学生に多様な経験を積ませることなどが狙い。中間報告は早期実現を求めており、東大は学内論議を活発化させ最終方針を決める。

これを読めば、ここで報じられているのが、じつは先に言及した「入学時期の在り方に関する懇談会」の中間報告書の内容であることがわかるだろう。この報告書は「将来の入学時期の在り方について――よりグローバルに、よりタフに――（中間まとめ）」と題して二〇一一年一二月八日付で作成され、翌年一月に総長宛に提出されたもので、二〇一二年一月二六日発行の「学内広報」（東京大学の学内誌）特集版に全文が掲載されている。

記事は基本的にその内容にのっとって書かれているが、最後に「東大は学内論議を活発化させ最終方針を決める」とあるくらいだから、まだ議論がじゅうぶんにおこなわれているわけではなく、最終方針も決まっていない段階であることが読み取れる。しかし「東大、秋入学に全面移行」という見出しだけ目にすれば、すでにこのような決定が正式に下されたと誰もが思うだろう。

私の第一印象もそうだった。本当なのか？　本気なのか？　教養学部でまだ何も議論されていないのに、本部ではそこまで話が進んでいるのか？——疑問は次々に湧いてきて、ただとまどうしかないというのが正直なところであった。身近な同僚たちの反応も、ほとんど似たりよったりであったと思う。

先に見た二〇一一年七月一日付の記事には、「年内にも結論を出す」と書かれていた。その文脈からすれば、これがその結論ということになるのだろうが、前の記事では主語が「東京大学」であったのにたいし、ここで示されているのはあくまでも上記「懇談会」がまとめた中間報告の結論である。この微妙な主語のずれが見出しからはうかがえないために、いたずらに誤解が増幅する結果となったのだろう。

じっさい、この記事が出た直後には、他大学の何人もの知人から「東大は秋入学にするんだって？」と言われたものだ。「いや、まだ正式に決まったわけではない」とそのつど打ち消してはみたものの、この方針はもう既定事項なのだろうと信じ込んでいる人が大半であった。

記事の本文を読んでみても、基本的な方向性がこれから変わる可能性があるようなニュアンスは見て取れない。すでに大枠は決まったので、検討すべきことは実施にともなう諸課題の洗い出しと具体的な対策の精査といったレベルの話であり、そもそも入学時期の変更は可か否か、といった根本的な議論を今さら蒸し返す余地があるようにはとても思えなかった。

ちなみに東京大学の最終的な意思決定権は総長にあるが、「基本組織規則」第5条2項に「総長は、大学法人の経営又は東京大学の教育研究に関する重要事項について決定しようとするときは、法人法の定めるところにより、それぞれ経営協議会又は教育研究評議会による審議を経なければならない」と書かれているので、当然ながら、個人の一存で重要事項を決定できるわけではない。

入学時期の変更はどう見ても「東京大学の教育研究に関する重要事項」のひとつであるから、この場合は教育研究評議会による審議を経なければ最終決定にいたることはできないわけだが、この時点ではまだその段階にはなかった。その意味で、先の記事の「中間報告は早期実現を求めており、東大は学内論議を活発化させ最終方針を決める」という文章は、正しい事情を伝える記述である。

ところが断定的な見出しのインパクトがあまりにも強かったため、この時点で東大が秋入学への移行を正式に決定したと思い込んだ人は少なくなかった。

2 国際化をめぐる課題

†懇談会の中間報告書

懇談会の中間報告書は五〇ページ以上に及ぶ大部のもので、入学時期の変更可能性をめぐって多様な観点からの提言と課題を詳述した、きわめて行き届いた内容になっている。座長を務めた清水孝雄理事・副学長(当時)をはじめとするメンバー諸氏の精力的な作業には頭が下がるが、細かい論点に立ち入ると本筋を離れてしまうので、ここではあくまで一般人の目に触れる機会のあった二〇一二年一月一八日の日経新聞の記事に沿って話を進めていきたい。
そこには次のようなことが書かれていた。

懇談会は、現行の4月入学を「国際的に特異な状況」と分析。欧米の主要大学と同じ9月か10月にすれば、留学生の送り出し・受け入れをはじめとして学生・教員の国際流動性が高まるとした。(中略)

また、高校卒業から入学までの半年間(ギャップターム)に、多様な体験活動を積む「寄り道」を設けることで、受験競争で染みついた偏差値重視の価値観をリセットし、大学で学ぶ目的意識を明確化できるとした。

これは報告書の趣旨を要約したもので、「ギャップイヤー」が(実際には半年間なので)「ギャップターム」に置き換わっているといった用語の変更も含め、懇談会での議論のありようが要領よくまとめられている。そして私はまさにこの文章の中に、私たちがともすると陥りがちな思考の倒錯が端的にうかがえると思うのだが、それは後で述べることにして、まずは中身についてコメントを加えておこう。

この記事を読むと、四月入学が世界的に見れば例外的なものであり、それが原因で学生や教員の国際流動性が阻害されているというのが、懇談会での共通認識であったことがうかがえる。これは秋入学を推進しようとする人々の主要な論拠として何度となくもちだされた点であり、じっさい文部科学省の調査でも、世界二一五か国のおよそ七割は秋入学で、四月入学は七か国にすぎないということが報告されている。

ただし注意しなければならないのは、大学の秋入学を実施している国々の多くはそもそも小学校から高等学校までも秋入学なのであり、その点が日本とは大きく異なるということである。もし日本でも初等・中等教育からすべて一気に秋入学に変更するというのであれば、反対意見もさほど強くなかったであろう。

しかし高校以下の教育課程が四月入学、三月卒業というサイクルで回っているのに、大学の（それも一大学だけの）入学時期を九月にずらしたとすれば、さまざまな不都合が生じることは必至である。「上を変えれば下が変わる」という理屈で高校以下の秋季入学移行をうながすという考え方もありえようが、これは第3章で扱う英語民間試験問題の「入試を変えれば教育が変わる」という発想と同じで、こと教育に関してはリスクが大きい。

ギャップタームに「寄り道」を設けて有効利用するという案も、理念としては共感できるところもあるが、実際は結果的に空白期間が生じるからという理由で担ぎだされた後付けのアイデアという印象をまぬがれず、それ自体が積極的な根拠になっているようには思えない。

もちろん、自ら海外体験やボランティア活動に励んで「受験競争で染みついた偏差値重視の価値観をリセット」する学生も、いるにはいるだろう。しかしその一方で、受験勉強からの解放感にひたって半年間を漫然と過ごし、入学時にはそれこそ新鮮な目の輝きを失っている学生も少なからず出てくるにちがいない（そうした「無為の時間」にもそれなりの意味があるという考え方がありうることは、じゅうぶん承知した上での話だが）。

日経新聞の記事はまた、懇談会が学内での検討と行動に「待ったなし」のスピード感を求めていること、ただし東大内には異論もあるので、「学内の合意形成に向け執行部の指導力が問われる」ことにも触れている。

確かに大きな組織が何らかの決定をしようとするとき、議論が熟すまで時間をかけているとたいていは途中で立ち消えになってしまうので、ある程度のスピード感をもってトップダウン的なガバナンスをきかせなければ何もできないという主張自体は理解できる。だが、社長の号令一下、すべてが動く多くの企業とちがって、大学は多様な立場の人間が集まって議を尽くすことで最善の道を模索するところにアカデミアならではの特質があるので、会社と同じ論理を単純に適用することはできない。執行部が強力な指導力を発揮しさえすれば学内の合意形成ができるというものではないのである。

†留学生率と大学ランキング

同じ日（二〇一二年一月一八日）の日経新聞三面には、前回と同様、一面記事を補足する形で「東大、国際競争に危機感——就職・国家試験の改革課題」という解説記事も掲載されていた。一見してわかる通り、「東大、国際競争に危機感」という見出しは半年前とまったく同じである。

記事の中ではあらためて東大の（受け入れ・送り出しを含めた）留学生比率の低さが紹介されているが、加えて、この数字が世界の大学ランキングに少なからず影響しているということも指摘されていた。

毎年話題になる恒例の大学ランキングだが、これには大きくいって二つある。ひとつは、イギリスの高等教育専門誌である「タイムズ・ハイアー・エデュケーション」（ＴＨＥ）が二〇〇四年度から毎年発表しているもの、もうひとつは大学の資金力を重視するＴＨＥ

のランキングに疑問をもったグループが二〇一〇年に独立して設立した大学評価機関、「クアクアレリ・シモンズ」（ＱＳ）社のそれで、どちらかといえば教育評価に重点を置いているのが特徴である。

そのほかにも、現在では何種類かのランキングが作成されているが、記事で参照されているのはＴＨＥのランキングで、それによれば二〇一一年度の東大の順位は世界で三〇番目。アジアでは一位だが、留学生比率が指標のひとつとして重視される傾向があるので、今後さらに落ちる可能性があると指摘されていた。

外国人学生比率という指標が評価全体に占める比重は、二〇〇九年度までは五％であったが、二〇一〇年度以降は二％にむしろ縮小されたので、その数字が大きく順位に影響するとも思えない。しかしこの項目に関して東大が世界の他大学に比べてきわめて低評価であることは事実で、確かに大きな弱点にはなっている。

じっさい、ＴＨＥによる東大の順位は二〇一四年度と一五年度には二三位まで上がっているが、これを頂点として、二〇一六年度には一気に四三位まで下がり、その後も二〇一七年度が三九位、二〇一八年度は四六位、二〇一九年度は少し持ち直したが四二位と、ここ数年間は四〇位前後で低迷している。評価にあたっては研究論文数や引用回数といった要素の貢献度が大きいので、留学生比率の低さが直接の要因であるとは思えないが、数字を見る限り日経新聞の予想が当たったと言えなくはない。

指標の比重の置き方によって結果が大きく変動するランキングに一喜一憂するのはばかげたことだし、順位を上げるために躍起になるのは本末転倒だと思うが、大学の強みと弱みを分析するための定期健康診断みたいなものだと割り切ってみれば、この種の資料にもそれなりに利用価値はある。東大は、分野や基準によって違いはあるが、研究教育面ではかなり高い評価を得ているので、やはり国際化の遅れが多かれ少なかれ足を引っ張っていることは事実であろう（何をもって「国際化」とするのかについてはより厳密な検討が必要だが、ここでは立ち入らない）。

このほか、日経新聞の記事では「学内での意思統一に加え、他大学が歩調を合わせるかどうかが焦点になる」こと、また見出しにあったように（そして前回の記事でも言及されていたように）就職・国家試験のスケジュール調整が課題であるということが指摘されていた。

他方、懇談会の中間報告書に記されていたデメリットもいくつか紹介されている。優秀な学生の東大離れ、他大学との学事暦のずれによる交流の困難化、修学年限を越えることによる家計負担の増加、就職の困難化・国家試験までの負担増、社会に出る時期の遅れとそれにともなう収入・年金の減少、等々で、私が思い浮かべた疑問や懸念のいくつかと重なっていることがわかる。

記事の結びは「検討に時間をかけている余裕はない」というもので、一面記事にあった「「待ったなし」のスピード感」という中間報告書の言葉を念押しする形になっていた。なぜ急がなければならないのかは明確でないにもかかわらず、とにかく迅速な決断が求められているという懇談会の論調がそのまま反映している結びである。

†教養学部の対応

この記事が出て以来、教養学部の中には急速に危機感が広まっていった。秋入学導入に賛成か反対かという以前に、多くの教員は学内周知がじゅうぶんなされない段階でマスコミ報道が先行したことへの当惑、もっといえば不信感を抱いてしまったというのが実態だったように思う。私の周辺には、「総長は意図的にリークして外堀を埋めようとしているのではないか」という穿った見方をする者も少なくなかった。

しかしとにかく、学部としても早急に対応を進めなければならない。新聞報道の直後の二〇一二年一月に開催された教授会では、学部内に「入学時期検討特別委員会」（座長：森山工教授）を設置することが正式に承認された。そしてこの委員会はきわめて短い期間で精力的にインテンシヴな議論を重ね、わずか一か月半後の三月三日には「教育の国際化ならびに入学時期の検討に係わる意見書」と題する大部の周到かつ綿密な答申書を提出した。

この答申書の基本的な姿勢は「秋入学導入ありき」でも「秋入学反対ありき」でもなく、白紙状態から多様な選択肢のメリットとデメリットを詳細に検討するというもので、結論としては、無理に秋入学に移行しなくても、他のさまざまな方策（たとえば学事暦の変更）によって国際化を推進することはじゅうぶん可能であるという趣旨であった。

一方、本部の「入学時期の在り方に関する懇談会」は同年三月末に最終報告書を出したが、これは先の中間報告書の趣旨をほぼ踏襲するもので、もっぱら国際化の推進という観点から、秋季入学への全面移行を積極的に検討すべきであると結論づけていた。ここですでに、教養学部とは相当の温度差が生じていたことがわかる。

この最終報告書をもって懇談会は任務を終え、その後の検討は、新たに設けられた「入学時期等の教育基本問題に関する検討委員会」へと受け継がれた。「懇談会」が「委員会」に格上げされると同時に、その名称に「入学時期等」と、「等」の字が加えられたのは、そこで扱われるのが単に秋入学の推進にとどまらず、多方面にわたる教育改革をともなう複合的な問題であるという認識が共有された結果であったと思われる。

私は二〇一二年四月から翌年二月まで、副学長としてはじめて本部に勤務することになったが、職掌はあくまでも教養教育担当であり、前記委員会のメンバーではなかった。したがって、そこでなされた議論の詳細な経緯は承知していない。

しかし濱田総長とは何度か直接話す機会があったので、「秋入学はあくまでも手段のひとつなのだから、国際化の推進という目的を達成するにはむしろ、総合的な教育改革という大きな枠組みで考える必要があるのではないか」という意見を伝えていた。総長はきちんと「聞く耳」をもった方で、真摯に耳を傾けてくれたことはここに明記しておきたい。

その後、夏頃までは懇談会の最終報告書にたいして学内から寄せられたさまざまな意見を集約する作業が続いていくが、その中で、秋入学への全面移行をいきなり実施することはかなりむずかしいという雰囲気が大学本部でも支配的になってきたようだ。そこで浮上してきたのが、入学時期そのものは四月のままで変えずに、実質的な授業開始時期を九月にするという新学事暦案である（ちなみにこれは教養学部の入学時期検討特別委員会が提示した選択肢のひとつに含まれていたが、これを採用して正式に提案したのはあくまでも本部の委員会である）。

本案が学内で周知されたのは二〇一二年一〇月初めで、ここから新学事暦問題をめぐる議論がにわかに活発化した。しかも、これを年度内（すなわち翌二〇一三年三月末まで）には決定して一年後の二〇一四年度から実施するという、かなり差し迫ったデッドラインまで設定されていたので、いちばん直接的な影響を受けることが確実な教養学部からはすぐに強い反発が起こった。しかしそれでもなお、本部ではできるだけ早く決着をつけたいという空気が依然として支配的であったようだ。

そんな流れの中で、私は二〇一三年二月一六日に教養学部長に就任した。そしてその後の数か月間はこの問題への対応に忙殺されたのだが、苦労話をすることが目的ではないので、経緯説明はこれくらいにしておこう。

ともあれ新学事暦を三月末までに決定するという事態は回避され、その後紆余曲折を経た末に、けっきょく従来の一学年二セメスター制から四ターム制への移行を中心とした「総合的教育改革」を二〇一五年度から実施することで、この問題は一応の決着を見たのである。

なお、秋入学に関していえば、東大では多数の外国人留学生を受け入れている大学院で早くから九月入学が一般化しているし、学部レベルでも二〇一二年度からは教養学部にPEAK（Programs in English at Komaba）という九月入学の英語コースが設けられているので、部分的には実現していることを付言しておきたい。

3　思考の倒錯

†必要条件と十分条件

さて、秋入学問題はなぜこれほど紛糾したのだろうか。

もちろんさまざまな要因が複雑に絡み合った結果であろうから、特定の事象だけを強調するわけにはいかない。しかしものごとの考え方という観点から見た場合、この混乱はけっきょくのところ、「必要条件の連鎖」と「十分条件の連鎖」の取り違えが主要な原因だったのではないかと、私は考えている。

どういうことか。

まずは「必要条件」と「十分条件」という言葉の定義から確認しておこう。これらは数学用語として高等学校でも学ぶ概念だが、さしあたり日常用語に話を限定しておくと、必要条件とは「ある事柄が成り立つために必ずなくてはならない条件」、十分条件とは「それによってある事柄が必然的に成り立つような条件」を指す（『大辞林』）。

たとえば日本の医師国家試験に合格すること（A）は、日本で医療行為を合法的におこなうこと（B）の必要条件である。しかし国家試験に合格して医師免許を取得しても、さらに研修医として二年間の臨床経験を積まなければ医療行為を合法的におこなうことはできないので、AはBの十分条件ではない。

いっぽう、アメリカ合衆国は国籍に関して出生地主義（両親の国籍や滞在資格にかかわらず、その国に生まれれば無条件でアメリカ国籍が与えられる制度）を採用しているので、アメリカ合衆国で生まれること（C）は、アメリカ国籍を取得すること（D）の十分条件である。しかしアメリカ合衆国以外の国で生まれた子どもであっても、両親の国籍や居住地等について一定の条件が満たされればアメリカ国籍を取得できるので、CはDの必要条件ではない。

そして言うまでもなく、必要条件と十分条件の両者を兼ね備えたケースが「必要十分条件」である。たとえば一万円の支払い能力をもっていること（E）と一万円の商品を購入すること（F）の関係を考えてみると、Fが成り立つためには必ずEが満たされなければならない（必要である）と同時に、Eが満たされればFが必ず成り立つ（十分である）ので、EはFの必要十分条件である。

ただし、カード決済を受け付けない店舗で一万円未満の現金しか所持していなかったという具体的な状況を想定してみると、たとえ一万円以上の支払い能力のあるクレジットカードをもっていたとしてもその商品を購入することはできないので、この場合、EはFの必要条件ではあるが十分条件ではない。また、現金でもカードでも支払える店舗であれば、所持金が一万円に満たなかったとしても（支払い能力が一万円以上あれば）カード決済で商品を購入できるので、一万円の現金を所持していることはFの十分条件ではあるが、必要条件ではないことになる。

以上が「必要条件」と「十分条件」のおおざっぱな定義であるが、実際はこれらの用語が厳密性を欠いた意味で使われることが多い。

たとえば「教養を身につけるにはたくさん本を読まなければならない」という言い方を

するとき、一見すると「たくさん本を読むこと」は「教養を身につけること」の必要条件であるように見える。しかし教養はいろいろな人と会話することや、絵画や音楽などの芸術作品に触れること、あるいはさまざまな土地を旅行することによっても身につけられるはずであり、必ずしも本を読むことが必須不可欠の手段というわけではない。したがって正確にいえば、読書は教養を身につけるための必要条件（ある事柄が成り立つために必ずなくてはならない条件）ではない。

逆に「たくさん本を読めば教養が身につけられる」という言い方では、「たくさん本を読むこと」があたかも「教養を身につけること」の十分条件であるかのように見える。しかし誰しも覚えがあるように、いくら大量の本を読んでも単なる暇つぶしにしかならないことは多いので、読書はこの場合、教養を身につけるための十分条件（それによってある事柄が必然的に成り立つような条件）とは言えない（ちなみに十分条件とは言えない見せかけの十分条件――すなわち「不十分条件」――を故意に誇張しながら連ねていくと、「風が吹けば桶屋が儲かる」という理屈が成り立つことになる）。

このように「必要条件」とか「十分条件」といった概念は、正確にはそういえないケースにまでしばしば拡大適用されることがあること、そして以下の記述においても、多くのケースでは必ずしも厳密ではない意味合いでこれらの言葉を用いていることをおことわりしておく。

†逆方向の連鎖

以上の前提を踏まえた上で、懇談会の中間報告書の内容を要約した日経新聞の記事（二〇一二年一月一八日）をもう一度見てみよう。

懇談会は、現行の4月入学を「国際的に特異な状況」と分析。欧米の主要大学と同じ9月か10月にすれば、留学生の送り出し・受け入れをはじめとして学生・教員の国際流動性が高まるとした。（中略）

また、高校卒業から入学までの半年間（ギャップターム）に、多様な体験活動を積む「寄り道」を設けることで、受験競争で染みついた偏差値重視の価値観をリセットし、大学で学ぶ目的意識を明確化できるとした。

まず前段に注目してみると、ここでは「現行の4月入学を（……）欧米の主要大学と同じ9月か10月にす」るという条件が満たされれば「学生・教員の国際流動性が高まる」と書かれているので、形としては前者が後者の「十分条件」であるという理屈になっている。

しかし、秋入学にすれば必ず国際流動性が高まるかといえば、そこに必然的な因果関係があるわけではなく、実際は「そうした効果が期待できる」とか「そうなる可能性が高い」といった推定、ないし希望的観測があるにすぎない。つまり「たくさん本を読めば教養が身につけられる」と同じで、これは厳密な意味での十分条件ではない。

同じことは後段についても言える。「ギャップタームを設けること」は「受験競争で染みついた偏差値重視の価値観をリセットし、大学で学ぶ目的意識を明確化すること」につながるかもしれないが、つながらないかもしれないのであって、そこにあるのは必然的因果関係ではなく、あくまでも可能性に期待した希望的推測である。したがって厳密にいえば、ここでも前者は後者の十分条件であるとは言えない。

したがってどちらも実際は「不十分条件の連鎖」にすぎないわけだが、誤解を避けるために言い添えておけば、「だからいけない」と言いたいわけではない。どんな計画も多かれ少なかれ予測と期待に基づいて作成されるのがあたりまえであって、百パーセントの確実性が保証されなければ実行に移せないなどと言っていたのでは、何も行動を起こすことはできないからである。世の中のたいていのことは「こうすればたぶんこうなるだろう」という、漠然とした見込みのもとに決定されているのだから、秋入学やギャップタームの導入についても、それらが厳密な意味での十分条件ではないこと自体に問題があるわけではない。

そもそも懇談会の中間報告書の最後近くには、「秋季入学への移行によって目指す諸目標の達成のためには、単に入学時期を変更したり、ギャップタームを導入したりするシステム変更のみでは十分ではない」という一節があって、これらが諸目標の達成のための十分条件ではないという認識がはっきり示されていた。そして爾後《じご》は教育改革全般の動きと連動させながら中長期的な検討を進める必要があるということもきちんと指摘されていたし、そのためにクリアされるべき諸課題も学内・学外に分けて明快に整理されていた。

では、いったい何が問題だったのか。

ある目標を立てたとき、私たちはふつう、それを実現するにはどうすればいいかを考える。受験生が志望大学に合格したいと思えば、その大学の過去の入試問題に目を通し、出題傾向を分析し、自分の得意な科目と不得意な科目を見極めた上で、いちばん高い点数を獲得するにはどのような勉強をすればいいかという作戦をたてるだろう。ビジネスマンが

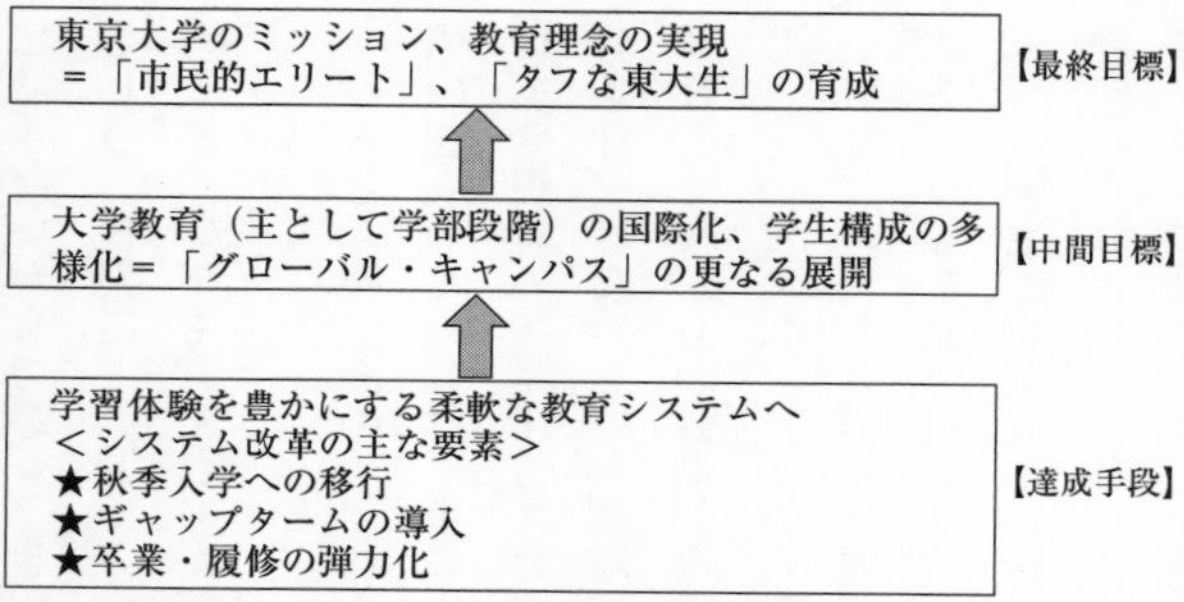
東京大学のミッション、教育理念の実現
＝「市民的エリート」、「タフな東大生」の育成
【最終目標】
大学教育（主として学部段階）の国際化、学生構成の多様化＝「グローバル・キャンパス」の更なる展開
【中間目標】
学習体験を豊かにする柔軟な教育システムへ
＜システム改革の主な要素＞
★秋季入学への移行
★ギャップタームの導入
★卒業・履修の弾力化
【達成手段】

図表１：教育改革における秋季入学の位置づけについて
（東京大学学内広報「入学時期の在り方に関する懇談会中間まとめ特集版」、2012年１月26日、17頁より抜粋・アレンジして掲載）

新しい取引先を開拓したいと思えば、相手方の経営方針や業務実績を調査し、これとの関連で自社の特徴やアピールポイントを検証した上で、どのように交渉すればスムーズに契約を結ぶことができるかという戦略を練るだろう。

つまり、あくまでも出発点は実現されるべき最終目標であって、そこから「こうするためにはこうすべきである」という論理を繰り返しながら最適の選択肢をそのつど採用していくのが、本来の筋道である。換言すれば、最終目標から出発して、（厳密なものではなくても）必要条件の連鎖をたどりながら最も有効な達成手段を見出していくのが、あるべき思考の方向性である。

ところが、秋入学に関する懇談会の提言はまったく逆向きの思考によって、すなわち、基本的に「こうすればこうなるはずである」という十分条件の連鎖によって提示されていた。これが先に「「必要条件の連鎖」と「十分条件の連鎖」の取り違え」と述べた事態であり、ここに本質的な問題があったのではないかというのが、私の考えである。

†目的と手段の逆転

このことを端的に示しているのは、懇談会の中間報告書に掲げられている図表である。細かい部分は省略して、概略を示しておこう。

矢印の方向に注目してほしい。最終目標として設定されているのは「東京大学のミッション、教育理念の実現」であるが、図表1では、この目標を実現するには何が必要かという発想で矢印が上から下に降りていくのではなく、「秋季入学への移行」や「ギャップタームの導入」を含む下段の達成手段から出発し、この手段をとれば何が実現されるかという発想で、矢印が下から上にのぼっていく。そして中間目標である「大学教育の国際化、学生構成の多様化」を経由して、最終目標に到達するという構図になっているのである。

つまりこの図表に現れている懇談会の基本的な考え方は、「こうするためにはこうすべきである」というロジックをつなげていく「必要条件の連鎖」ではなく、「こうすればこうなるはずである」というロジックをつなげていく「十分条件の連鎖」になっている。

なぜそうなっているのかといえば、最初に「秋季入学への移行」という結論があったからにほかならない。すべての論理が秋入学の導入を前提として組み立てられたために、矢印が本来の方向とは逆向きになってしまったのである。

その結果、ここには典型的な「目的と手段の逆転」が生じている。

当然ながら、秋入学はあくまでも目的を実現するための手段であり、しかも手段のひとつにすぎない。懇談会の中間報告書にも、「秋季入学への移行は、教育の国際化を推進する手段である」と明記されていた。

ところが最初にこれを到達すべき結論として出発点に置いたために、「目的から手段へ」ではなく「手段から目的へ」という逆転が生じてしまった。だから同じ目的を実現するためにありえたはずの他の可能性が視界から後退し、秋入学それ自体がいつのまにか自己目的化したというのが実情だったのではないか。

けれども四ターム制の採用をはじめとして、短期留学の必修化とか、海外大学との単位互換制度の拡大とか、四月入学のままでも教育の国際化を推進する手立てはほかにいくらでも考えられるのであって、秋季入学への移行という選択肢だけがその中で特権化されるべき格別の理由はない（先に言及した教養学部「入学時期検討特別委員会」の答申書は、まさにこうした観点から「必要条件の連鎖」によって多様な可能性を模索したものであった）。また、先にも述べたことだが、秋入学にすれば必ず教育の国際化が推進されるという確実な保証もないのである。

したがって秋入学は、教育の国際化を推進するための必要条件ではないし、十分条件でもない。ましてや、必要十分条件ではない。それは確かにある程度有効な手段ではあるかもしれないが、他のさまざまな施策と同様、あくまで数ある選択肢のひとつにすぎないのであって、それ以上でも以下でもないというのが正確な理解である。

†二つの思考パターン

以上に述べてきたことを、別の事例に適用しながらもう少し敷衍してみよう。

たとえば数学の苦手な受験生が、入学試験で英数国三科目が課される大学に合格することを目指したとする。もし「必要条件の連鎖」によって思考するならば、この目標を実現するためにクリアすべき項目として、さしあたり「数学の力を向上させること」が優先的な中間目標として設定されるだろう。ただし数学だけ点数を上げれば合格できるわけでは

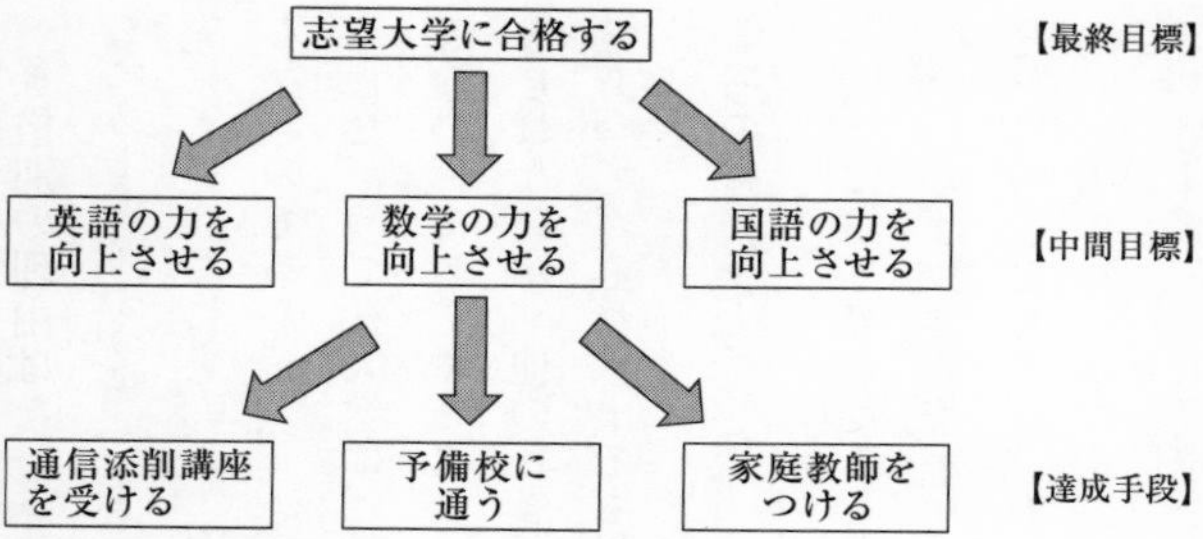
志望大学に合格する
【最終目標】
英語の力を向上させる
数学の力を向上させる
国語の力を向上させる
【中間目標】
通信添削講座を受ける
予備校に通う
家庭教師をつける
【達成手段】

図表２：必要条件の連鎖

ないので、英語と国語についても学力を向上させることは当然、これと並ぶ中間目標として位置づけられることになる。

その上で、特に数学については自分で参考書や問題集を使って勉強する以外にも、通信添削講座を受けるとか、予備校に通うとか、場合によっては家庭教師をつけるなどの対策もとる必要があるかもしれない。これらは厳密な意味での必要条件ではないが、それぞれに有効な手段ではある。そして相互に排他的なものではなく、複数を組み合わせることもできる。というより、そのほうがむしろ一般的な形であろう。

こうして受験生は、自分にとって選択可能な手段を順次見定めながら、とるべき受験戦略を組み立てていくことになる（図表2参照）。

このように、各段階で枝分かれする選択肢をあれこれ想

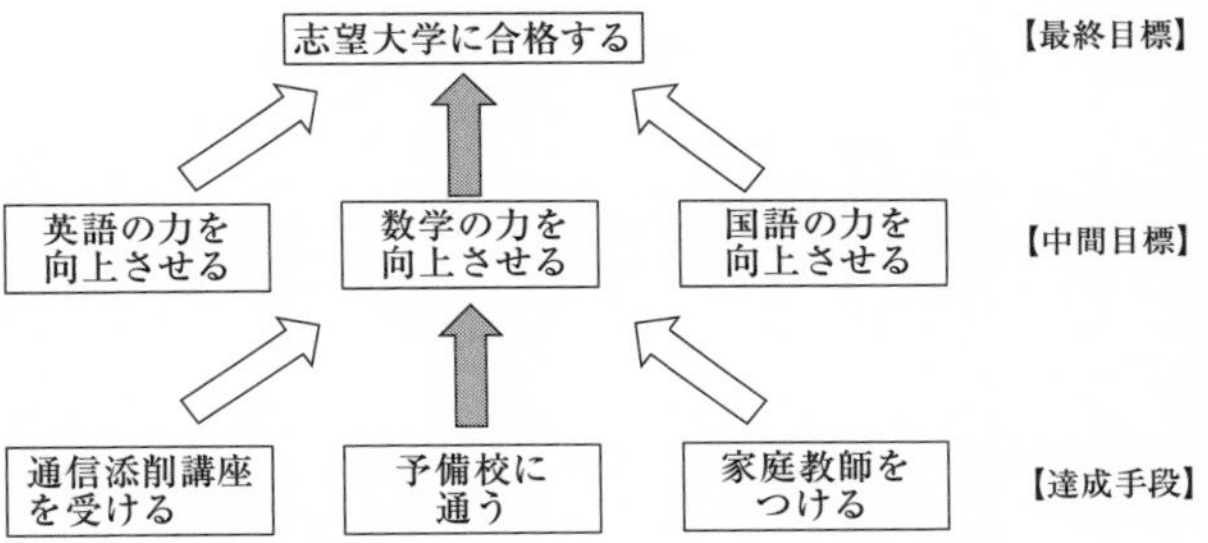
志望大学に合格する
【最終目標】
英語の力を向上させる
数学の力を向上させる
国語の力を向上させる
【中間目標】
通信添削講座を受ける
予備校に通う
家庭教師をつける
【達成手段】
図表3：十分条件の連鎖

定していくと、常に進行方向に沿って複数の可能性が視野に入ってくるので、「達成手段」が必ずしも単一の項目に収斂するわけではないということが即座に了解できる。

これにたいして、「十分条件の連鎖」で思考した場合はどうなるか。図表2の矢印を逆転させてみると、図表3のようになる。

もし想定される複数の達成手段のうち、「予備校に通う」という特定の選択肢がはじめから前提されていたとすると、視線はそれが達成するはずの「数学の力を向上させる」という中間目標に直接向かうため、同じ中間目標につながるかもしれない他の選択肢（ここでは「通信添削講座を受ける」と「家庭教師をつける」）が背後に消えて見えなくなる可能性がある（白抜き矢印でそれを示した）。

同様の事態は、中間目標から最終目標に向かう段階でも生じかねない。数学の力さえ向上させれば志望大学に受かるわけではないはずなのに、「英語の力を向上させる」「国語の力を向上させる」という他の要素が視界に入りにくくなり、「予備校に通えば数学の力が向上する」、「数学の力が向上すれば志望大学に合格できる」というように、単線的な論理でものごとをとらえてしまうおそれがあるからだ。

もちろんこれは話をわかりやすくするために故意に単純化した図式であって、実際は英語や国語の勉強を完全に忘れてしまう受験生などいないと思うが、それはそれとして、図表3で示した「十分条件の連鎖」による思考のありよう、すなわち「こうすればこうなる」というロジックで達成手段から中間目標を経由して最終目標へと上昇していく筋道が、図表1（50頁）で見た懇談会中間報告書の論理、すなわち「秋季入学に移行すれば大学教育の国際化が進む」、「大学教育の国際化が進めばタフな東大生が育成できる」という因果関係のたどり方と完全に同形であることは、容易に見てとれるだろう。

†単線的思考から自由になるために

「いい大学を出ればいい会社に入れる」、「いい会社に入ればいい生活が送れる」――そんなことを親に言われて育った人も少なくあるまい。もちろんそんな保証はどこにもないのだから、これは典型的な「不十分条件の連鎖」の例であるし、「いい生活を送ること」の先にある最終目標がいったい何であるのか、そしてその目標は果たして人生を賭ける価値のあるものなのかということも、きわめて曖昧模糊としたままである。しかし私たちはこれに類する単線的な思考法を折に触れて繰り返し刷り込まれ、知らず知らずのうちに身体化してしまっているのではなかろうか。

この思考法には、大きく言って二つの特徴的な傾向がある。

第一の傾向は、すでに述べてきたことの復唱になるが、出発点の手段から到達点の目的へといたる単一のラインがはじめから引かれているため、他の選択肢が潜在しているはずの左右の風景に「脇目をふる」ことができず、ひたすら前方（図表2と3でいえば上方）にしか視線が向かわないこと、したがって同じ場所に行くにしても、こちらからも来られる、あちらからも来られるという別ルートが視界に入りにくくなることである。

秋入学のケースについていえば、べつに入学時期を変更しなくても海外留学を促進することはできるかもしれないし、海外留学をさせなくても学生の国際感覚を鍛える手だてはあるかもしれないのに、ともするとそうした可能性に思いが至らなくなり、目的地に向かう道筋が一本しかないと錯覚しかねないということだ。

第二の傾向は、思考の回路が手段から目的へと直結しているために、手段にたいして否定的な意見が表明されると、これを目的それ自体にたいする否定と取り違えてしまうということである。

じっさい、秋入学の導入にたいして危惧の念を表明したとき、私は本部のしかるべき立場にあったある人から、「秋入学にすれば国際化が推進できることは明らかなのに、あなたはどうして東大の国際化に反対するのか」と言われたことがある。私はけっして大学の国際化という「目的」に反対したわけではなく、あくまでも秋入学という特定の「手段」にたいして疑義を呈したにすぎないのだが、その人は自分たちがめざしている目的そのものを否定されたと思ったらしい。

そんな事情もあってのことか、秋季入学構想が後退して四ターム制への移行を含む「総合的教育改革」へと議論の軸足が移ったときには、教養学部が東大の国際化路線を頓挫させたという、いわれのない批判を耳にしたものだ。一学部の抵抗で総長の意思が実現できないとすれば、大学のガバナンスとして問題であるという意味のことを、面と向かって言われたこともある。

また、秋入学のポジティヴな側面しか目に入っていないと思われる学外の人たちからも、せっかく総長がリーダーシップをとって推進しようとしたことが実現しなかったのはまことに残念である、教授会に発言権を与えるから思いきった改革ができないのではないか、といった声が聞かれた。

しかし前にも述べた通り、大学におけるガバナンスのありかたはコーポレート・ガバナンスとは本質的に性格を異にしている。とりわけ教育制度に関わる問題については、執行部が明確な理念をもって指導力を発揮することも大事だが、その一方で、現場の感覚を最大限尊重することもこれに劣らず重要である。そのフィードバックがじゅうぶんになされないままで秋入学への移行という結論が先行してしまったことが、最終的に実現に至らなかった最大の要因であったと思う。

とはいえ、そもそも濱田総長からの問題提起がなければ東大におけるさまざまな教育課題は顕在化しなかったであろうし、その後の改革も進行しなかったであろうことは疑いがない。実行された具体的な施策についてはそれぞれ賛否両論があると思うが、いずれにしてもこのテーマが東大全体を大きく動かす契機となったことは事実である。

私たちは社会生活のさまざまな局面で、しばしば目的と手段の取り違えに起因する論理の混乱に直面する機会がある。そんなときは思考のベクトルを逆転させ、「十分条件の連鎖」から「必要条件の連鎖」へと発想を転換してみることが必要だ。そうすれば、手段から目的へと一方向的に延びる直線の代わりに、目的から手段に向けて多様な選択肢が次々に分岐する、まったく別の風景が目の前に広がるだろう。

この風景が視野に入っている限り、私たちは硬直した単線的思考から自由になることができるはずである。

第2章

文系学部廃止問題

1 「文系軽視」通知の波紋

†大臣通知の衝撃と反響

日本の大学入試では、受験生たちが学部や学科を選択するにあたってどうしても「自分は文系か理系か」という問いを通過しなければならない。自分が何を学びたいか、どんな職業につきたいかもまだわからない段階で、かならずしも根拠の定かでない単純な二分法で自己規定することを強いられるというのはまことに理不尽な話だが、この伝統はもう何十年も受け継がれてきたので、もはや誰もその不合理性をことさら指摘しようとさえしないのが現実である。

もちろん、大学入学後にはじめて自分の適性を認識し、理系から文系に、あるいは（より少数ではあるが）文系から理系に転じる者も少なくない。また、近年はしきりに「文理横断」とか「文理融合」といったことが口にされるようになったので、文理いずれとも言いがたい学部や学科も次第に増えてはいる。

しかしそうは言っても、「文」と「理」という二文字で人間を二種類に分類することができるという先入観の刷り込みは思いのほか強く、私たちの深いところにまで浸透しているようだ。それは学問分野のカテゴリーについても同断である。

二〇一五年六月八日、文部科学大臣から国立大学法人および大学共同利用機関法人の長に宛てて、「国立大学法人等の組織及び業務全般の見直しについて」と題する通知が発出されたことは記憶に新しい。そこには教員養成系や人文社会科学系の学部・大学院を特に指定して、廃止・転換を含めた組織の見直しに取り組むよう求める一節が含まれていたため、文系軽視、あるいはほとんど文系学部廃止勧告に等しいものと受けとめられ、各方面に大きな衝撃を与えたのだった。

公立大学や私立大学は通知の直接の対象になっていなかったが、それでも国公立・私立を問わず、いわゆる「文系」の大学教員、とりわけ人文系の教員たちは無関心ではいられなかったはずである。

あれから早くも数年が経過して、当初のインパクトはもう忘れられてしまったような印象があるが、この文書はその後も撤回されていないので、正式な通知としての効力は今でも続いている。

では、そこには何と書かれていたか。あらためて確認しておこう。

〔各国立大学法人等は〕「ミッションの再定義」で明らかにされた各大学の強み・特色・社会的役割を踏まえた速やかな組織改革に努めることとする。

特に教員養成系学部・大学院、人文社会科学系学部・大学院については、18歳人口の減少や人材需要、教育研究水準の確保、国立大学としての役割等を踏まえた組織見直し計画を策定し、組織の廃止や社会的要請の高い分野への転換に積極的に取り組むよう努めることとする。

この文章の「特に……」以下の記述が、大学関係者を中心に多くの反発を巻き起こしたのだった。たとえば京都大学総長の山極寿一氏は、通知が出てからまもない二〇一五年の六月一七日にいち早く「京大にとって人文社会系は重要だ」と明言し、文系の廃止や規模縮小に否定的な姿勢をはっきり示した。

また、滋賀大学の学長であった佐和隆光氏も、同六月二二日付の日本経済新聞で「人文社会系の学識なくして批判精神なしなのだ。ゆえに全体主義国家は必ずや人文社会知を排

斥する し、人文社会知を軽視する国家はおのずから全体主義国家に成り果てる」と述べ、かなり手厳しい口調で件《くだん》の通知を批判している。

それから一週間後の六月二九日付の朝日新聞には、大学で人文社会学を学ぼうとしている一高校生の投書も掲載された。「人文社会学は歴史や文化を探求し、思考する学問だと思います。それを軽視して仕事に直接役立つことだけを学ぶと自分で考えることができない人間になってしまうかもしれません」という若い世代の言葉は、批判精神の重要性を説く佐和氏の見解と期せずして呼応している。

さらに、日本経済団体連合会は同年九月九日付で「国立大学改革に関する考え方」という声明を出し、「今回の通知は即戦力を有する人材を求める産業界の意向を受けたものであるとの見方があるが、産業界の求める人材像は、その対極にある」と明言した。

この声明にはまた、「理系・文系を問わず、基礎的な体力、公徳心に加え、幅広い教養、課題発見・解決力、外国語によるコミュニケーション能力、自らの考えや意見を論理的に発信する力などは欠くことができない」とか、「地球的規模の課題を分野横断型の発想で解決できる人材が求められていることから、理工系専攻であっても、人文社会科学を含む幅広い分野の科目を学ぶことや、人文社会科学系専攻であっても、先端科学に深い関心を持ち、理数系の基礎的知識を身につけることも必要である」といったことも述べられており、産業界もけっして文系の学問を軽視しているわけではなく、むしろその重要性を認識しているということが明確にうかがえた。

†声明と弁明

この問題は新聞やテレビなどのマスメディアでも繰り返し報道されたが、各方面からあがった批判の要点は、日本学術会議が二〇一五年七月二三日に発表した「これからの大学のあり方――特に教員養成・人文社会科学系のあり方――に関する議論に寄せて」と題する幹事会声明に集約されている。その趣旨を箇条書きで整理しておこう。

一．今日社会が解決を求めている様々な課題に応えるためには、自然科学と人文・社会科学が連携し、総合的な知を形成する必要がある。

二．「社会的要請」に応えることは必要であるが、それが何であるか、どう応えるべきかについて一義的な答えを性急に求めるべきではない。

三．「グローバル人材」の養成にとっても、文理両面の知識に基づいた判断力や批判的思考力が不可欠であり、人文・社会科学の役割は増大している。

四．18歳人口の減少を理由とした教員養成系の学部・大学院の見直しは、教育の質的向上という観点とあわせて検討されるべきである。

五．大学は教育の場であるとともに研究の場でもあるので、人文・社会科学が軽視されるとバランスのとれた学術の発展が阻害されかねない。

六．人文・社会科学に従事する大学教員が、これまで自らの学問の目標や役割を十分に社会に対して説明してこなかったことは反省すべきであり、今後は一層の努力が求められる。

以上の六項目は、現代社会における文系学問の位置づけと役割に関して考えるべき問題をほぼカバーしているように思われる。自分たちも十分に説明責任を果たしてこなかったという反省の意を最後の項目で示している点まで含めて、私自身もほぼ全面的にこれらの見解に賛成であり、これ以上に付け加える点はない。

ではこうした批判の嵐にたいして、文部科学省側はどのように対応したのだろうか。

通知の主体である下村博文・文部科学大臣（当時）は、二〇一五年八月一〇日付の日本経済新聞朝刊で「文科省は国立大学に人社系が不要と言っているわけではないし、軽視もしていない。すぐに役立つ実学のみを重視しろとも言っていない」と述べ、「廃止」というのは教員免許の取得を義務付けない新課程（いわゆる「ゼロ免課程」）のことを指しているのだと釈明している。

しかし「廃止」という言葉が教育系の特定の課程のことだけを意味しているなどということは、先の通知のどこにも明示的に書かれていないのだから、この文章が作成されるに至った経緯に通じている一部の当事者たちは別として、一般人がそうした趣旨を文面から読み取ることは不可能だろう。

また、同年八月一七日付のDIAMOND ONLINEには「「大学に文系は要らない」は本当か？　下村大臣通達に対する誤解を解く」と題する当時の文科大臣補佐官・鈴木寛氏の文章が掲載されたが、そこではこの通知が「第三次中期目標・中期計画の策定にあたって、これまでのいくつかある規定〔原文ママ〕路線を1つにまとめて、国立大学に対して確認的、事務的に通知する性格のもの」であり、「省内で特別の会議を開いたわけでもなく、正直、予想外の報道ぶりと反響に、文部科学省内は大変困惑している」といった趣旨のことが述べられている。

この文章はさらに、「文部科学省内部には（……）文系軽視や文系廃止との思いは全くなく、文部科学省の真意とは全く異なる「文系学部軽視」というメッセージがウォールストリートジャーナルにまで掲載され、世界中に報じられてしまっているのは、国益上も由々しきことだと、憂慮しています」と続くのだが、件の通達はオフレコの雑談や宴席で迂闊に発せられた言葉ではなく、仮にも大臣の公印まで押された公式文書なのだから、単なる失言とちがって「真意はそうではなかった」と弁明すれば済むというものではない（もちろん、失言であってもこうした言い訳は通用しないが）。

実際の起草者が誰であるにせよ、この種の文書が発表に至るまでには何人もの目を通るはずだし、ふつうならばいくつもの会議を経て文言の細部に関する吟味もなされるはずである。にもかかわらず「省内で特別の会議を開いたわけでもなく」発出されてしまったのだとすれば、あまりにも不用意であり、そのこと自体が大きな問題だろう。

しかしいずれにせよ、文系の、いわゆる「役に立たない」学問分野への風当たりは、このころから露骨に強まってきた。じっさい、この通知をきっかけとして、文系学部・学科の再編に動き出した大学は少なくない。

二〇一五年七月一九日に発表されたＮＨＫの調査結果によれば、人文社会科学系の学部を擁する四二の国立大学のうち、再編して新たな学部などを設ける大学が一一校、具体的な内容は未定だが、再編を検討する大学が八校、定員を減らす学部などがある大学が六校、教育目標を明確にした大学が三校、そして国の方針を踏まえたものではないが、再編を盛り込んだ大学が七校となっていた。文科省の要請に何らかの形で対応した大学は四二校中三五校、八割以上にのぼったことになる。

規模や方向性はさまざまであれ、通知の発出からわずか一か月余りの時点でこれだけの動きがあったのだから、やはり影響はかなり大きかったと言わざるをえない（ちなみに東京大学もこの時期にたまたま文学部の再編をおこなったが、これは文科大臣通知とはまったく無関係の流れである）。

†無意識の理系中心主義

以上の経緯があったのは、私が東京大学の理事・副学長に就任して間もないころであった。前職が教養学部長ということもあって、私の主たる担当分野は教育と評価であったが、一研究者としては当然、この問題に無関心ではいられない。

二〇一五年度は五神真総長の就任一年目だったので、濱田総長時代の「行動シナリオ」

に相当する基本的なビジョンの作成が当面の主要な作業であった。新執行部は――あえて「文系・理系」という図式にのっとって言えば――総長自身を含めて理系出身の役員が多く、文系出身の私は少数派であったから、行動計画の検討にあたっては意識的に人文社会科学の意義を強調するよう心がけた。

やがて二〇一五年一〇月二二日付で「東京大学ビジョン2020」が公表の運びとなったが、その柱となる「ビジョン1（研究）：新たな価値創造に挑む学術の戦略的展開」という大項目の中には、具体的なアクションのひとつとして「人文社会科学分野のさらなる活性化」という事項が盛り込まれている。

本来、学術を文系と理系に分ける必然性はないので、ことさら「人文社会科学分野」だけを切り出して見出しに掲げるのは不自然に見えるかもしれない。それでもわざわざそうしたのは、もちろんビジョン作成と時期を同じくして話題になっていた先の文部科学大臣通知を意識したものである。

そして私の記憶する限り、これを大学の行動計画のひとつとして掲げることに反対する意見はまったくなかった。通知の意を汲んで文系学部を縮小しようとか再編しようなどと主張する者は皆無であったし、理系出身の役員も教員も、事あるごとに文系の重要性にたいして理解を示す発言をしてサポートしてくれていた。

だから作業を進める上では何の問題もなかったのだが、ではその後四年間に及んだ理事在任中もずっと心穏やかでいられたかといえば、かならずしもそうとは言い切れないというのが本音である。というのも、私は文系出身であるがゆえに、何度か曰く言いがたい居心地の悪さを感じる機会があったからだ。

たとえばある会議資料の中に、正確な言葉は覚えていないが、これからは理工系や医学系の学問だけでなく、人文社会系の学問も重要であるといった趣旨の文章が含まれていたことがある。よほどひねくれているのかもしれないが、私はこうした文言を目にすると、ほとんど反射的に体内の「文系スイッチ」が入ってしまう。

文系の学問は「これからは」ではなくて、「これまでも」重要だったでしょう？　「人文社会系の学問も」ではなくて、「人文社会系の学問は」重要なんじゃないですか？

この文章を書いた本人に、まったく悪気はなかったと思う。それどころか、むしろ文系にたいして最大限の敬意を払ってくれたのだと推測されるが、だからこそなおのこと、私はそこに「無意識の理系中心主義」を感じてしまうのである（ちなみにこの文章はその後全面的に改稿されたと記憶している）。

理工系や医学系の学問の重要性は疑う余地のない自明のことがらであり、その前提の上に立って、人文社会系の学問の重要性に**も**きちんと目配りする——こうした善意の配慮は、学問分野についての潜在的な上下意識がほとんど自覚されないほど自然なものとして刷り込まれていることを、はからずも露呈しているのではあるまいか。

似たような経験は、大学での普段の会話の中でも何度となく味わった。「いやあ、理系の知識だけではやはりだめですよね、文系の教養**も**ないと」、「人文学だ**っ**てじゅうぶん社会の役に立ちますよ」——理系教員の口からごく自然に発せられるこうした言葉を耳にするたびに、私はなんともいえない違和感を覚えたものだ。そして言葉尻をとらえていちいち指摘するのは大人げないと思いつつ、あえて訂正を求めたことも一度や二度ではない。

この問題は構造的に、ジェンダー問題と相似形をなしているのではあるまいか。「男だけではやはりだめだ、女もいないと」とか、「女性だってじゅうぶん役に立つ」とか言われたら、世の女性たちはさぞ不愉快だろう。しかしこの種のせりふをふと口にしてしまう男性は依然として少なくないし、自分自身も絶対にそのひとりにならないと言い切れる自信はない。

男と女のあいだに深く浸透してきたこの種の誤った階層意識が、理系と文系のあいだにもいつのまにか深く根付いているのではないか。

もちろん、理系の学者の中にも豊かな文系的素養の持ち主は数多くいるし、中には本人自身がすぐれた文学者でもあるという例もあるので、一般化するつもりはまったくない。しかし基本的に社会を駆動しているのはあくまでも科学技術を担っている自分たち理系の研究者であり、文系の学問はそれを制御したり修正したりするためにあるという意識をもっている人は、けっして少なくないような気がする。

特に近年は、原子力発電や遺伝子操作の問題、あるいはＡＩの急速な進歩や気候変動の問題などをきっかけとして、科学技術の暴走をコントロールするためには哲学や倫理学など、文系の学問も重要であるという主張が理系の側から発信されるのをしばしば見かけるだけに、両者の関係について根本から考え直してみることは必須であるように思われる。

2　学問と「社会的要請」

ともあれ東京大学は「人文社会科学分野のさらなる活性化」をスローガンのひとつとして掲げ、これを具体化するさまざまな施策を順次実行に移してきた。しかし日本全体を見渡してみれば、人文社会科学をめぐる昨今の環境が依然として厳しいことは事実である。たとえ文科大臣通知がなかったとしても、文系の学問は役に立たないとか、わざわざ大学で学ぶ必要はないといったことを言い募る人たちは後を絶たない。

ではこの風潮に反発する文系の学者たちが打って一丸となって戦ってきたかというと、かならずしもそうとは言えないような気がする。というのは、同じ「文系」であっても、人文科学と社会科学とではかなり事情が異なるように思われるからだ。

†「人文社会科学」という用語

そもそも「人文社会科学」という言い方は、果たして適切なのだろうか。

「人文科学」と「社会科学」をひとまとめにしたこの用語は、理系の学問を指す「自然科学」にたいして、一般に「文系」と総称される諸学問を意味する言葉として広く流通してきた。先に見た通り、文科大臣の通知にははっきり「人文社会科学系学部・大学院」と記されていたし、これを批判する側の人々の談話や文章の中にも「人文社会科学」「人文社会系」「人文社会知」といった言い方がしきりに現れる。日本学術会議の声明にも「人文・社会科学」という言葉が繰り返し現れるし、私自身もここまで当然のようにこの用語を使ってきた。

確かに「人文科学」と「社会科学」の境界はそれほど明確ではなく、場合によっていずれにも分類されうる学問領域も少なからず存在するので、両者を区別せずに総称することにはそれなりの根拠があるだろう。だが、それでもこのように二つの単語を安易に合体させてしまうことの妥当性については、一考の余地がありそうだ。

人文科学とは何か、社会科学とは何か、そしてそれらの違いはどこにあるのか——こうした本質的な問いに深入りすると収拾がつかなくなると思うので、ごく一般的な共通了解を確認しておけば、人文科学は人間をそれぞれの個別性においてとらえ、そこから人間のあり方にかかわるさまざまな問題を抽出し検証する学問であるのにたいし、社会科学は文字通り社会的な存在としての人間に焦点を当て、そこから種々の制度や組織のメカニズムを明らかにしようとする学問であると、ひとまずは言えるだろう。

もちろん人文科学も社会的な制度や組織のありようを無視するわけではないが、人間がそれらの枠組みに制約づけられていることを踏まえながらも、あくまでそこで生きる個々の人間の思考や感情の営みに視線を向けてこれを把捉《はそく》しようとする傾向が強い。

いっぽう社会科学は、個々人の思考や感情を無視するわけではないが、それよりも人間が構成するさまざまな制度や組織の構造、あるいはその構造がもたらす諸現象の動的過程にフォーカスしようとする傾向が強い。

こうしてみると、両者は「自然科学ではない」という共通項でひとまとめにされることが多いものの、対象も方法もかなり対照的であって、「人文社会科学」と総称することが適切であるかどうかはやはり疑問である。

†人文知と科学知

ここで英語に目を移してみよう。「人文科学」は humanities であり、「社会科学」は social science である（カテゴリー概念としてここでは単数形を用いておく）。ここに「自然科学」natural science を並べてみると一目瞭然のように、社会科学と自然科学は同じ science という単語を含むという点で共通しているのにたいして、人文科学のほうには（日本語では「科学」と呼ばれているにもかかわらず）この単語が含まれていない。

いっぽう、英語には human science という言い方もあるが、これは一般に教育学や心理学、あるいは認知行動学など、人間そのものを科学的に探究する学問を指す言葉として用いられるのがふつうであるようだ。したがって「人文科学」というよりも、むしろ「人間科学」と訳したほうが実態に近い。

私たちはこれまで「人文・社会・自然」という三分法を当然のように用いてきたが、この場合の「人文」は humanities であるから、science という単語を含んでいないという点で他の二つとは概念レベルを異にしている。だからここには代わりに「人間科学」human science を入れ、humanities は誤解を避けるために「人文科学」ではなく「人文学」と呼ぶことにして、いわゆる「科学」とは別のカテゴリーに位置づけたほうがいいのではあるまいか。

人文科学	humanities	文系
社会科学	social science	文系
自然科学	natural science	理系

図表4：従来の三分法による学問分類

すなわち、人間が作ったわけではない nature を対象としたscience が natural science、人間が作った society を対象とした science が social science、人間そのものである human being を対象とした science が human science というように、

「科学」をその対象によって三種類に分けて整理した上で、これらとhumanitiesを対置させて考えたほうが合理的であるように思われるのだ。

図表4は、従来の人文科学・社会科学・自然科学という三分法をそのまま踏襲し、前二者をまとめて「文系」、自然科学を「理系」とする伝統的な図式である。

これにたいして、図表5は人間科学・社会科学・自然科学の三つをscienceという共通性で統一的にとらえ、これに人文学を加えた四分法で学問分類を組み替えた図式である。

この場合は「文系・理系」という区別がもはや通用しないので、人文学に対応する学知を「人文知」と呼び、人間科学と社会科学と自然科学に対応する学知を統一的に「科学知」と呼ぶことにする。

もちろん、どの領域に属するともはっきり言えない学問分野はいくらでも存在するので、この分類図式自体が

人文学	humanities	人文知
人間科学	human science	科学知
社会科学	social science	
自然科学	natural science	

図表5：四分法による学問分類

あくまでも便宜的なものであることは言うまでもない。しかし少なくともこれを見ると、異質な学知に属する人文学と社会科学をまとめて「人文社会科学」と総称する従来の慣習にはさほど妥当性がないように思えてくる。

†学問分類の組み替え

以上二つの図表を比較しながら既成の学問領域を見直してみると、図表4の「人文科学」を構成するとされてきた文学や哲学、倫理学や宗教学などは、本質的に科学知には属さないという意味でそのまま図表5の「人文学＝人文知」に移行できるが、それ以外の分野については、これまでと違った見方のできるケース、そして場合によっては別のカテゴリーに位置づけたほうが適切と思われるケースがいくつかあることに気づく。

たとえば社会科学の一分野である経済学は、図表4では人文科学と一緒に「文系」に分類されるが、同じ文系であっても文学や哲学とはかなり性格が異なるし、数学を用いる計量経済学のように理系との近接性のほうが強い場合もあるので、この分類法のままだと収まりが悪い。しかし図表5では社会科学全体が「科学知」のカテゴリーに属することになるので、こうした齟齬は解消される。

また、心理学は従来、人文科学ないし社会科学に分類されるのが一般的であり、大学の組織構成上も文学部や人文学部の一学科として位置づけられることが多かったし、二〇一七年度まで使用されていた科学研究費の「系・分野・分科・細目表」では、人文社会科学系の社会科学に分類されていた。したがって経済学同様、図表4では「文系」の学問分野とされることになる。

しかしひと口に心理学といっても、社会心理学や教育心理学から臨床心理学や実験心理学まで、その範囲はきわめて広汎であるから、全体を文系のカテゴリーに閉じ込めてしまうことには無理がある。じっさい、東大では心理学関係の学科・コースは文学部と教育学部に置かれているほか、教養学部にも「認知行動科学コース」があるが、これは統合自然科学科という「理系」学科の一コースとして位置づけられている。

図表5では、心理学は人間そのものを対象とした科学として「人間科学」の一分野と考えられるから、必然的に全体が「科学知」に属することになる（ちなみに二〇一八年度から導入された科学研究費の新しい審査区分表では、「大区分A」の下の「中区分10」に「心理学およびその関連分野」という項目が独立して設けられていて、文理にまたがる心理学の諸分野と認知科学が小区分として示されている）。

さらに、図表4では「理系」であるがゆえに当然のように自然科学に分類されてきた医学や薬学、生理学や健康科学などの諸分野も、研究対象が「自然」というよりは「人間」自体であるという点からすると、図表5では心理学や認知行動学とともに「人間科学」の範疇に属するものと考えることができるのではないか（もちろん、人間も自然の一部であるという観点からすれば、「人間科学」全体が「自然科学」に包摂されるという考え方もできると思うが）。

同じく図表4では自然科学に組み込まれてきた工学関連の諸分野についても、その内容は多岐にわたるので、研究対象によっては自然科学よりも人間科学、さらには社会科学に分類したほうが適切な場合がありそうだ。たとえば建築学などは人間科学の一分野であると言ってもさほど抵抗はないだろうし、都市工学などは社会科学としての側面がかなり濃厚である。

このように、いわゆるscienceであるかそうでないか、またscienceである場合は何を対象としているか、という観点から既成の学問分類を見直していくと、これまで無自覚に踏襲されてきた「人文・社会・自然」という三分法の図式がいかにミスリーディングなものであったか、そして人文科学と社会科学をまとめて「文系」と呼び、自然科学を「理系」と呼ぶカテゴライズの仕方がいかに雑駁なものであったかが実感できるだろう。

†二種類の「社会的要請」

以上のことからわかるのは、「文系／理系」という既成の対立図式がこれまであまりにも当然の前提として共有されてきたために、暗黙のうちに引かれつつある本当の境界線が、私たちの目には見えにくくなっていたということである。

つまり、昨今の議論の中で深い亀裂が生じているのは、図表4のようにいわゆる「文系」と「理系」のあいだではなく、じつは図表5のように「人文知」と「科学知」のあいだなのではないか。そしてその主たる根拠となっているのが、先の文部科学大臣通知で用いられていた「社会的要請」という言葉なのではないか、ということである。

ありていに言えば、科学知に属する学問は客観的な根拠に裏付けられているので社会的要請に直接応えることができる（役に立つ）のにたいし、人文知に属する学問は客観的な根拠の裏付けがないので社会的要請に直接応えることができない（役に立たない）という、いかにも単純きわまりない切り分けの図式が、いつのまにか政治や行政の場にまで浸透しつつあるように見受けられるのだ。

言うまでもないことだが、「社会的要請に応える」ことと「役に立つ」ことは同義ではない。短期的・即時的には「役に立たない」学問であっても、長期的な射程で見れば「社会的要請に応える」分野はいくらでも存在する。

ところが二つの言葉は無自覚に、かつ安易に同一視され、きわめて狭い意味に限定された近視眼的な「社会的要請」の概念が、いつのまにか独り歩きしはじめている。そして厳密な定義を欠いたままで科学知と人文知のあいだに深い溝を穿っているというのが、偽らざる現状なのではなかろうか。

少し話を戻すと、先に触れた日本学術会議の幹事会声明には、第二項目としてこんな文章が盛り込まれていた。

大学は社会の中にあって、社会によって支えられるものであり、広い意味での「社会的要請」に応えることが求められている。このことを大学は強く認識すべきである。しかし、「社会的要請」とは何であり、それにいかに応えるべきかについては、人文・社会科学と自然科学とを問わず、一義的な答えを性急に求めることは適切ではない。具体的な目標を設けて成果を測定することになじみやすい要請もあれば、目には見えにくくても、長期的な視野に立って知を継承し、多様性を支え、創造性の基盤を養うという役割を果たすこともまた、大学に求められている社会的要請である。前者のような要請に応えることにのみ偏し、後者を見落とすならば、大学は社会の知的な豊かさを支え、経済・社会・文化的活動を含め、より広く社会を担う豊富な人材を送り出すという基本的な役割を失うことになりかねない。

ここでは「具体的な目標を設けて成果を測定することになじみやすい」狭い意味での社会的要請と並べて、「長期的な視野に立って知を継承し、多様性を支え、創造性の基盤を養うという役割を果たす」という「広い意味での「社会的要請」」の意義が強調されている。つまりひと口に「社会的要請」といっても、狭義と広義の二種類があるという趣旨であり、まことにもっともな指摘だと思うのだが、残念ながらこうした認識が政治や行政の場で共有されているとは思えない。

「役に立つ」という言い方は当然ながら、「何かのために」ということを前提としている。そしてその「何か」というのは通常、世界の平和であるとか文明の進歩であるとか、あるいは経済の発展であるとか生活の向上であるとか、一般に人類共通の普遍的な理念や価値として広く認められているものを指している。

ではそれを実現するために必要なものは何かといえば、それはまずもって科学技術一般であり、次にこれを駆動する社会的装置としての政治や経済であると、多くの人々が信じている。だから工学や医学はもちろんのこと、いわゆる文系の中でも、政治学や経済学が「役に立つ」学問であることを否定する者はまずいない。これらは先の図表5でいえば明確に社会科学の主要分野であり、その限りにおいていずれも有用な科学知であるという点では共通しているからだ。

†役に立たない研究

ただし実際には科学知を構成する学問の中にも、短期的に見て役に立たないように思われる研究はいくらでもある。

たとえば、かつては近代経済学と並んで経済学の重要な一翼を担っていたマルクス経済学は、まさにエンゲルスの「空想から科学へ」というフレーズに象徴されるようにひとつの「科学」science として提唱されたわけだが、現在ではほとんど有用な学理としての意義を失い、狭義における社会的要請からは遠く隔たった場所に追いやられている感がある。

もちろんそれが経済思想史、さらには思想史一般に占める位置の大きさは誰もが認めると思うし、大学でも「政治経済学」「社会経済学」「経済人類学」等々に衣替えして命脈を保っているところは少なくないが、以前のように現代社会を駆動したり変革したりする有効な装置としてこれをとらえる者は、今日ではほとんど存在しない。

その意味で、マルクス経済学は社会科学の中でもすでに有用性を失ってしまった分野である、あるいはむしろ、「科学知」の範疇から退いて「人文知」の領域に移動した分野である、と言えるのではなかろうか。

いっぽう即時的に役に立たない研究は、いわゆる自然科学の領野にもいくらでも見出される。

たとえば、二〇一五年にノーベル物理学賞を受賞した東京大学宇宙線研究所教授の梶田隆章氏の研究は、それまで質量がないと思われてきたニュートリノに実は質量があるという発見だったわけだが、それがいくら客観的に証明されたとしても、人類の生活に直接役立つものではないこと、したがっていわゆる「社会的要請」に応えるものでないことは、誰よりも本人自身がはっきり認めている。大学の企画による私との対談で、梶田氏は「理系の場合、社会的要請のなかには日々の生活をよくしてほしいという要請があるでしょうが、私の研究はそれに応えられない。ニュートリノに質量があったからといって、生活には絶対影響がないですから」と率直に語っていた（「淡青」33号、二〇一六年九月）。

二〇一六年六月に理化学研究所の日本人研究者グループが発見した一一三番目の新元素、「ニホニウム」についても同様で、この元素は寿命が極端に短く（〇・〇〇二秒）、瞬時にして他の元素に変化してしまうため、それ自体が何かの役に立つ可能性はまったくないという。

これらに比べると、二〇一〇年代に相次いでノーベル生理学・医学賞を受けた山中伸弥氏、大村智氏、大隅良典氏、本庶佑氏らの研究は、いずれも医療分野への応用可能性が高いという点で疑う余地なく「役に立つ」ものであると言えるだろう。また、二〇一九年度のノーベル化学賞を受賞した吉野彰氏の発明（リチウムイオン二次電池）などは、まさに実生活に役立つ研究成果の代表である。

ただしここで注意しなければならないのは、これら錚々たる受賞者たちが口をそろえて強調しているのが「すぐには役に立たない」基礎研究の重要性であって、けっして短期的な有用性の追求ではないということである。

それでもいわゆる「理系」の諸分野にはノーベル賞をはじめとする世界共通の承認シス

テムがあって、そのお墨付きが得られさえすれば、短期的にはいかに役に立たないように見える研究であっても、長期的に見ればじゅうぶん社会的要請に応える（あるいは、その可能性がある）ものとして、その意義を広く公認されることがあり得る。

ところが、いったん矛先が人文知を構成する諸分野に向くや否や、事情は一変する。「社会的要請」という言葉は、世界的に通用する顕揚制度をもたない分野（ノーベル文学賞は作家が対象であって、研究者に与えられるものではない）に適用されると、なぜか急にその射程を短縮して極度に矮小化され、狭い意味での有用性の概念に限定されてしまう。そしてもっぱら人文系の研究者たちに圧力をかけるための口実として機能しはじめるという、なんとも理不尽な事態が起きてしまうのだ。

これは明らかに、現在の日本社会が実用主義一辺倒の空気に染まっていて、人文知に委ねられるべき広い意味での社会的要請、すなわち日本学術会議の幹事会声明にある「知の伝統を継承する」とか「人間の多様性を支える」とか「創造性の基盤を養う」といった役割を、学術研究の場から排除する、あるいは少なくとも軽視する方向に傾いているせいであるとしか思えない。

客観的根拠に支えられた「科学知」であれば、すぐに役立つ研究はもちろんのこと、たとえすぐに役立たない研究であっても、一定の条件をクリアすれば社会的要請に応えるものとして認知される（可能性がある）。しかし思想や情動などの主観的営為と切り離すことのできない「人文知」となると、なぜか「役立つ」ことについてみずから一定の説明責任を果たさない限り、社会的正当性が許容されない。

ずいぶんおかしなことだとは思うが、これが文部科学大臣通知をきっかけにはからずも露呈したわが国の現状なのである。

3 「人文知」再考

†文学研究の場所

「役に立つ科学知」対「役に立たない人文知」という二項対立を前にして、前者ばかりを優先しようとする近視眼的実利至上主義の浅薄さを批判することはたやすい。しかしその一方で、大学に籍を置くひとりの研究者としては、自分の学問的な営みが果たしてどこに居場所を見つけられるのかを問わずにいられないのも事実である。

私の本来の専門はフランス文学で、主たる研究対象は一九世紀のロートレアモンという詩人である。彼は南米ウルグアイのモンテビデオ生まれであり、フランス語とスペイン語のバイリンガルだったから、私の関心も作品から出発してその背景にある社会的文脈に広がってはきたが、最終的な対象はあくまでもこの詩人の残したテクストそれ自体である。その意味で私は、特定の作家を専攻する伝統的な文学研究者ということになるだろう。

だから、あなたの研究はいったい何の役に立つのか、どのような意味で社会的要請に応えるのか、と正面から問われると、正直のところ言葉に詰まってしまう。フランス文学の専門家は別として、多くの人々は名前も知らないにちがいないマイナーな詩人の作品をいくら詳細に分析してみたところで、しょせんは恣意的な解釈の自己満足的な反芻にすぎないではないか、と言われてしまえばそれまでだからだ。

学問とは真理の探究である、とはよく言われるところだが、文学研究における「真理」とはいったい何だろうか。さまざまな答えが考えられるが、少なくとも、それがテクストに隠されていて発見されることを待っている（かもしれない）「作者の意図」なるものでないことだけは確かである。文学作品とはいわば汲めど尽きせぬ大海のようなものであり、私たちは「作者の意図」などという窮屈な思い込みに縛られることなく、誰もが多様な解釈可能性を模索しながらその中を自由に泳ぎまわる権利をもっている。

だから文学研究における「真理」なるものが想定されえたとしても、それはけっしてひとつだけではなく、読み手と同じ数だけ立ち現れてくるはずだ。そんな主観性に染め上げられた複数の「文学的真理」が、客観性に裏打ちされた確固たる「科学的真理」と同様の有用性を主張できるはずがない。

ここでとりうる立場は、二つあるように思われる。ひとつは「いや、私の研究だって役に立つのだ」と正面から反論すること、もうひとつは「私の研究はべつに役に立たなくていいのだ」と開き直ることである。

もし前者の立場を選ぶのであれば、当然の義務として、自分の研究がどういう意味で有用であるのかを説明しなければならない。いっぽう後者の立場を選ぶのであれば、「役に立つ」こととは別の価値基準による意味づけ、つまり有用性以外の存在根拠を提示しなければならない。

前者の立場をとる社会学者の吉見俊哉氏は、『「文系学部廃止」の衝撃』(集英社新書、二〇一六年)の中で、「文系は役に立たないけれども価値がある」という論理では「理系は役に立つから価値がある」という議論に対抗できないと述べ、マックス・ウェーバーの「目的合理性」と「価値合理性」という概念を援用しつつ、有用性にも二種類あるという考え方を展開している。

ひとつは、たとえば東京から大阪までできるだけ早く到達するといった「目的遂行型」の有用性で、理系の知はおもにそうした意味で役に立つ。もうひとつは、たとえば人間が幸福に生きるためにはどのような社会を作ればよいか、ということを考える「価値創造型」の有用性で、文系の知はむしろこちらの意味で役に立つのだという。

実際は目的遂行型の社会科学もあれば価値創造型の自然科学もあるはずなので、文理の別がそのまま二種類の有用性に対応するわけではないと思うが、いずれにしてもこの考えは、「あらゆる学問は役に立つべきである」という前提の上に成り立っている。そしてその限りにおいて、この二分法は確かに説得的であり、これに則れば、吉見氏の専門である社会学などは後者の意味での有用性を堂々と主張できるだろう。

しかし先の図表5（79頁）を思い出してみればわかるように、そもそも社会学は科学知の範疇に属するものと考えられるので、有用でありうることはごく当然のこととして納得できる。これにたいして人文知の範疇に属する文学研究は、多くの場合「学問のための学問」という性格が濃厚であり、なんらかの有用性に奉仕することを目的としているわけではない。だから政治学や経済学や社会学のように現代世界の課題解決に直結するわけではないし、ましてや科学技術のように人類の進歩に貢献するわけでもない。

私自身のケースをとってみても、ごく単純にロートレアモンのテクストが面白いと思うから研究してきただけであって、作者と作品についてもっと知りたい、もっとわかりたいというパッションが動機のほとんどすべてである。

そもそも彼の作品はかなり悪魔的な要素の強いものなので、これを読んだ人が幸福になるとはおよそ思えないし、むしろ不幸になったり絶望したりする人の方が多いのではないかとさえ思われる。だからそんな作家を研究してみたところで、人々の役に立つ可能性はきわめて小さいと言わねばならない。

もちろん自分の研究が結果的になんらかの「価値創造」につながることはありうるかもしれないし、そうなればいいという気持ちがないわけではないが、私はけっしてはじめからそうしたことを視野に入れてテクストを読んでいるわけではない。また、研究をある程度深めていけば、その面白さを他人にも共有してもらいたいという別種のパッションが派生することはありうるけれども、それがなくても研究を継続していく上では何の支障もないのである。

そんなケースを想定してのことか、吉見氏は周到にも著書の最後で「遊戯性」という概念に言及し、有用性の論理自体からこぼれ落ちてしまう学問を救い出す道を示唆してもいる。これはさきほど述べた二つの立場のうちの後者、つまり「私の研究はべつに役に立たなくていいのだ」という開き直りに根拠を与えてくれる視点である。

私自身を含めて、自分の研究の正当性を説得的に言語化できない多くの文学研究者は、ここに救いを見出すことができるかもしれない。しかし第三者的な視点から見れば、遊びなら個人の趣味にとどめておけば済む話で、大学に場所を与える必要などない、だからそんな連中は排除してもっと「社会的要請の高い分野」に転換せよ、という意見が出てくるのも当然だろう。

したがって「遊戯性」の概念だけでは、大学に文学研究が一定の場所を占めることへの批判にたいしてなかなか有効な抵抗言説になりえないように思われる。

†芸術のような学問

かくして私のような文学研究者は袋小路に陥ってしまうのだが、ここで一度、人文学の原点に戻って少し考えてみたい。

人文学といえば、かつては「哲・史・文」という大きな枠組みがその骨格をなしていた。人間存在の本質を探究する哲学、時間軸に沿った人間の営為を検証する歴史学、人間が生み出した言語表現を分析する文学という三分野を軸として、関連するさまざまな学問領域が組織化され、学部学科構成の基礎をなしていた。

しかし多くの大学ではこの二〇年ばかりのあいだに文系学部の再編成が急速に進行し、「総合」「国際」「文化」「環境」「人間」「情報」等々のキーワードを順列組み合わせのように結合させた四文字学部が一気に増殖した。その結果、伝統的な知の構造がいつのまにか見えなくなってしまった感がある。

近年はさらに「グローバル」「コミュニケーション」「マネジメント」等々の横文字も参入して、もはや百花繚乱の趣だ。いかにも安直の感をまぬがれないこうした組織改革の濁流の中で、昔ながらの構図に従って「哲・史・文」の枠組みを内面化してきた多くの人文学者たちは、すっかり変貌した現代の学問的風景の中で自分の居場所をあらためて定位する必要に迫られている。

このうち「哲」に関しては、生命倫理や宗教紛争といったアクチュアルな諸問題が浮上しつつある今日、その重要性はさまざまな局面で再認識されつつある。

また「史」についていえば、あらゆる事象には固有の歴史があるので、歴史学は人文学の一分野というよりも、文理を問わず複数の学問に共通の認識方法としてとらえたほうが正確だろう。じっさい「科学史」も「技術史」も、それぞれの分野でひとつの学問領域としてのアイデンティティを確立している。

したがって「哲」も「史」も、いわゆる文系の学問という枠におさまらず、人間の活動全般に適用されうる普遍的な思考のフレームとして機能しているという意味では、おのずから社会的要請に応える側面をもっていると言える。

では、残る「文」はどうだろうか。

先にも述べた通り、これは文字通り「学問のための学問」という色彩が最も濃厚な分野であり、いかなる公的大義にも奉仕しないがゆえに、社会的要請に応えているとは言いがたいところがある。じっさい、文学作品そのものを必要とする人は多いだろうが、文学研究などなくても大半の人はなんら痛痒を感じないにちがいない。

吉見氏も参照しているマックス・ウェーバーは、晩年の講演において、常に進歩すべく運命づけられた「学問」と、進歩の観念とは無縁な「芸術」を区別し、前者の根拠づけとして「実践上の、あるいは広義における技術上の諸目的のため」と「それ自身のため」という二つの立場を対比的に提示していた（『職業としての学問』）。しかし「芸術のための芸術」ならいざしらず、「学問のための学問」という自己目的的なカテゴリーを立てることが、果たして正当化されるのだろうか。

ジャン＝ポール・サルトルは一九六四年四月一八日付「ル・モンド」紙のインタヴューで、自作を回顧しながら「私は飢え死にする子どもたちを見てきました。死んでいく子どもを前にして、『嘔吐』は無力です」と語っていた。「飢えた子どもを前に文学は役に立つか」という形で定式化されることの多いこの有名な問いに集約されるように、文学が（したがって当然ながら文学研究も）本質的に有用性の範疇からこぼれ落ちてしまう宿命を背負っていることは認めざるをえない。

しかしどれほど社会的要請とは無縁に思われようと、文学にまつわる営みは創作であれ研究であれ、個別性を徹底的に深く掘り下げることで、最終的には共同性の地平へと突き抜けてゆく路程を必ず有しているはずである。

もちろんその迂遠な道程を最後までたどるためには、みずからの言葉を平板で凡庸な日常性から大胆に飛躍させるとともに、それでもなお誰にでも了解可能な領野に踏みとどまるという、根本的な自己矛盾をはらんだ身振りを実践し続けなければならない。すなわち、垂直に尖った創造性と水平に広がる理解可能性を兼ね備えた、両義的な「文学の言葉」を鍛えあげなければならない。他者の接近を拒む晦渋さに自閉しても、万人向けの弛緩した明快さに甘んじても、普遍性に至る回路は閉ざされてしまうだろう。

こうした鋭利で強靭な言葉を獲得することによってのみ、文学は個々の具体的な作品を通して私たちがこの世にあることの意味を問い直すという、すぐれて個別的かつ普遍的な営みとなりうるはずだ。それは飢えた子どもを前にしたときに直接役に立つわけではないかもしれないが、それでも科学知とはまったく別種の存在根拠を見出すことができるにちがいない。

ウェーバーの議論に戻っていえば、確かに学問は芸術ではない。だが、もし文学研究に代表されるような人文知が目的合理性の息苦しい呪縛から自らを解き放つことができるならば、それは限りなく芸術に近づくだろう。全面的な無償性の中で営まれるそうした「芸術のような学問」の可能性に賭けることが、文学研究者に与えられた役割であり、かつ特権なのではないかと私は考える。

†最適化できない存在

文学に特化した議論はこの辺で切り上げ、人文知一般に話を戻そう。いったいなぜ、科学知とは根本的に異なるこのような知のありようが必要とされたのだろうか。

この問いを検討するにあたって、「最適化」という概念を援用してみたい。さまざまな分野で用いられる言葉だが、専門的な定義は措くとして、要はいちばん合理的で適切な状態にするということだ。企業経営者であれば、より多くの利益を得るために事業を最適化するだろう。技術者であれば、より質の高い成果をあげるために設備や技法を最適化するだろう。

では、人文学が対象とする「人間」一般についてはどうか。

ふつうに考えれば、人はより幸福になるためにみずからの行動を最適化するということになる。だが、本当にそうだろうか。

人間はけっしてそのような原則で説明のつく存在ではない、というのが、おそらく多くの人々の実感ではなかろうか。というのも、人間は本来的に不条理な存在であって、その判断や行動は、およそ合目的的な最適化の法則には従わないものであるからだ。

確かに、いまより幸福になりたい、少しでも幸せな状態になりたいというのは、私たち誰もがもっている願望であり、ほとんど本能のようなものである。けれども私たちはその願望を実現するために自分の行動を最適化するどころか、しばしば選択を誤ったり、場合によっては本来進むべき道とは真逆の方向に進んでしまったりする。こんなことをすると不幸になるとわかっていながら、わざわざ道を踏み外してしまう。こんなことをしてはいけないとわかっていながら、とんでもなく愚かしい過ちを犯してしまう。

だが、それが人間というものなのではないか。人間はおよそ最適化を図ることのできない存在、要するに馬鹿な存在なのであって、むしろそこにこそ人間の人間たる所以《ゆえん》があると考えたほうが自然なのではないか。

そして「科学知」と「人文知」の分岐点は、もしかするとこのあたりにあるのではないかというのが、私の考えである。

いささかおおざっぱな言い方になるが、同じ「人間」を対象としていても、科学知はこれを多かれ少なかれ抽象化・一般化して扱うことによって成立する。だから最適化というモデルが人間にもある程度適用できるという前提で推論を進めることができる。しかし個々の人間のどうしようもない愚かさや制御不能な欲望の無償性は、定義からして非合理性を許容しない科学知ではじゅうぶん説明することができない。

一方、人文知はあくまでも具体的な個別性において人間をとらえるので、最適化のロジックをそこに持ち込むことはできないが、その代わり科学知では接近できない人間存在の不条理さや不可解さを、科学とは異なる仕方で解き明かすことができる。

いや、「解き明かす」というのはたぶん不正確な言い方だろう。むしろ、人文知は人間の絶対的な「わからなさ」を前にして、ただうろたえ、とまどい、なすすべもなく立ちつくすことしかできないと言うべきかもしれない。

しかしそのように狼狽し呆然とする振舞い自体もまた、すぐれて人間的なありようなのであってみれば、人文知とはこうした人間の姿をありのままに把捉《はそく》し、(きわめて不完全な形ではあれ)何らかの手段でこれに形を与えようとする営みそのものを指す、という定義の仕方もできるのではないか。

無意味な暴走や愚かしい逸脱を繰り返し、絶えず合理性の臨界をはみ出してゆく人間存在の理不尽で過剰な部分――それを可能な限りすくいあげようとする知的営為の総体を、私たちが science という言葉を用いずに humanities と呼んできたことには、したがってそれなりの理由がある。それは科学知につきまとう種々の制約や禁止を解除することによって、無数の矛盾や錯誤に満ちた文字通りの humanity へと私たちを連れ戻す。

このように考えるならば、言葉によって人間を包括的にとらえようとする文学が、そして言語以外の手段で同じことを試みようとする諸芸術が、人文知の主要な要素をなすことは当然である。また、いわゆる社会的要請に応えようと応えまいと、科学とは異なる仕方で人間存在に真摯なまなざしを注ぐ限りにおいて、哲学や倫理学が人文知の主要なカテゴリーであることもまた、疑う余地はない。

そして人類の歴史は多かれ少なかれ人間の愚かさが関与しながら形成されてきたのだから、その意味では歴史学もまた、ここに加えられてしかるべきだろう。じっさい、人間が完璧に最適化を実現できる存在であったなら、戦争などとうの昔に地上から消滅しているはずではないか。

†諸科学の基盤

しかしそうであるならば、図表5では社会科学であるがゆえに科学知の範疇に分類した政治学や経済学にしても、ほかならぬ人間の営みを対象とする学問である限り、完全に合理性や最適化の法則に回収されるはずがないのだから、やはり広い意味で人文知としての側面をもっているのではないか。

じっさい序章でも述べた通り、性懲りもなく愚かしい振舞いを繰り返す政治家は後を絶たないし、個人や会社が不合理な経済行為によって莫大な損失を招いてしまうことなど日常茶飯事である。その意味では政治学も経済学も、人文学が対象とする人間の不条理性に直面することをまぬがれるものではない。

つまり人文科学と社会科学を一緒にして「人文社会科学」と呼ぶことの正当性を問うていたはずの私たちは、ここに至ってふたたび両者を統一的にとらえることの可能性を見出したことになる。

科学史学者の隠岐さや香氏は『文系と理系はなぜ分かれたのか』(星海社新書、二〇一八年)の中で、おおざっぱに言って理工系の学問では人間をバイアスの源としてとらえるのにたいし、人文社会系の学問では人間を価値の源泉としてとらえる、といった意味のことを述べている。合理性や最適化の法則に回収されない humanities とは、人間をまさに「バイアスの源」としてとらえる考え方だが、これを「科学的客観性」を毀損するものとして排除してしまうのではなく、逆に「価値の源泉」へと転換して積極的にとりこむならば、社会科学は必然的に人文知と合流することになるだろう。

とすると、先に「人間科学」という言葉でカテゴライズした心理学や認知科学などについても、当然同じことが言えるはずである。というより、目的合理性ではけっして説明のつかない人間の心理や行動の謎を解明するためにこそこれらの学問が生まれたという事情からすれば、人間科学はそもそもの成り立ちからして、人文知の刻印を帯びていないはずがない。

それだけではない。もしかすると自然科学についても、やはり同じことが言えるのではなかろうか。

確かに、人間が存在しようがすまいがそこに存在する「自然」というものがある、これは否定しようのない事実である。けれどもその自然は、人間との相互関係においてはじめて自然として存在するという言い方もできる。

たとえば宇宙は人間が存在しなくても存在するだろうが、これを人間が関心対象としなければ、そもそも「宇宙」という概念自体が存在しなかったはずだ。つまり自然が自然であるのは、あくまでも人間がこれを「自然」という概念で対象化したからであり、だからこそ自然科学という学問が成立したのである。その意味ではこれもまた、人間との相互関係においてはじめて存在する対象を探究する学問である以上、本質的に人文知としての側

<table>
<tr><td>自然科学
natural science</td><td>社会科学
social science</td><td>人間科学
human science</td></tr>
<tr><td colspan="3">科学知
sciences</td></tr>
<tr><td colspan="3">人文知
humanities</td></tr>
</table>

図表６：諸科学の基盤としての「人文知」

面をもっていると考えるべきだろう。

とすると、「人文知」をこれまで「人文科学」と呼びならわされてきた限定的な学問カテゴリーに閉じ込めて「科学知」と対立させるのではなく、人間のあらゆる知的な営みを貫く普遍的な基層のようなものとしてとらえたほうがいいのではないか。つまり、図表5（79頁）では科学知と人文知を二項対立的にとらえていたが、むしろ図表6のように、あらゆる科学を横断的に貫いて支える共通基盤として「人文知」をとらえ直したほうが適切なのではないか。

繰り返しになるが、人間が作ったわけではない自然を対象とする学問として、自然科学がある。人間が作り出した社会を対象とする学問として、社会科学がある。人間そのものを対象とした学問として、人間科学がある。そしてこれらの「科学知」に共通の基盤として「人文知」がある——こう考えてみると、人間が介在するすべての知的な営みは humanities に支えられてはじめて可能になるということが見えてくる。

もちろん科学知によって究明できることは、徹底的に究明しなければならない。人間はじっさい、あらゆる知恵を結集して未知なる現象を解明し、真理を探究することに心血を注いできた。

しかしそのような好奇心をかきたてる無償の情熱、役に立たないことに膨大な時間と労力をかけてしまう愚直さ、さらには時として暴走してしまう説明不可能な欲望といったものは、人文知でなければけっして対象化できないものである。ニュートリノに質量があるかないか、といった「役に立たない」問いにひたすら情熱を注ぐことができるのも、ひとえに人間が人間だからであるとしか言いようがない。

そして人類の歴史は科学技術の発展や政治経済の論理によって形作られてきたのと少なくとも同じくらいには、人間の不条理さや非合理性によってもまた形成されてきたのであるということを、私たちは忘れてはならないように思う。

†人文知とリベラルアーツ

最後に大学教育の現場に話を戻して、人文知とリベラルアーツの関係について触れておきたい。

すでに三〇年ほど前のことになるが、一九九一年に大学設置基準の大綱化《たいこうか》という方針が文部科学省から打ち出された。「大綱化」というのはわかりにくい用語だが、簡単に言ってしまえば、大学における教養教育の「人文・社会・自然・外国語・体育」という五教科体制を廃止し、各大学が四年間のカリキュラムを自由に編成できるようにするという変更である。図表4（78頁）にあったような三分法による伝統的な学問分類自体が、じつはすでにこのとき、意外にも文科省自身によって解体されていたわけだ。

その結果何が起こったかというと、これを機に、全国の大学の教養部が雪崩をうったように廃止されたり改組されたりした。大綱化の趣旨はけっして教養教育を軽視することではなかったわけだが、少なくとも従来の教養教育を実施する組織の法的根拠が失われたのだから、これは必然的な流れであったと言うべきだろう。

では教養教育はその後どうなったのかというと、その重要性は減少するどころか、むしろ増大する一方である。東京大学は専門課程をもつ独立した教養学部を擁していたので、これを維持しながら全面的なカリキュラム改革を実行することで対応してきたが、教養部を廃止してしまった多くの大学では、教養教育をどのように教育課程に組み込めばいいのか、そしてそれをどのような組織が担えばいいのかといったことに頭を悩ましてきたはずだ。今や教養教育の再構築は、全国的な課題であるといっても過言ではない。そして、そのキーワードのひとつとしてしばしば担ぎ出されるのが「リベラルアーツ」である。

本章のはじめに、文部科学大臣通知にたいする批判のひとつとして経団連のコメントを紹介したが、そこには「理工系専攻であっても、人文社会科学を含む幅広い分野の科目を学ぶことや、人文社会科学系専攻であっても、先端科学に深い関心を持ち、理数系の基礎的知識を身につけることも必要である」と書かれていた。じっさい、理系の人間でも文学や美術の知識が必要であるとか、文系の人間でも基本的なＩＴの知識が不可欠であるといったことは、最近しばしば耳にする。

リベラルアーツという用語は一般的に、ここに述べられているような文理横断的な知識、すなわち専門に偏らない幅広い「一般教養」を指している。しかし私が考えるリベラルアーツは、必ずしもそうしたこと（だけ）を意味しているわけではない。

もともとこれは古代ギリシアにまでさかのぼる概念で、人間が奴隷ではない自立した存在であるために必要とされる学問を意味していた。中世ヨーロッパにおいては「アルテス・リベラレス」artes liberales、つまり人が自由（リベラル）であるために学ぶべきもろもろの技芸（アーツ）を指し、具体的には文法、修辞学、論理学、算術、幾何、天文学、音楽からなる「自由七科」がその内容とされた。

要するにリベラルアーツとは本来、人間を種々の拘束や強制から解き放って自由にするための知識や技能を意味する概念なのである。

大学である以上、幅広い知識や最低限の技能は学生たちに授けなければならないが、いくら多くの知識や技能を身につけていたとしても、それらが相互に関連づけられずに断片的な状態のまま放置されていたのでは、なんの価値もない。机の引き出しにハサミやノリや紙がきちんと整理されていたとしても、実際にそれらを使って何かを作らなければ意味がないのと同じことである。

だから獲得したさまざまな知識や技能を具体的な個々の課題に応じて動員し、それらを有機的に関連させながら、既成の限界や制約を乗り越える能力、さらには自由な発想で新たな展望を切り拓く能力を養わなければならない。それこそが今日の大学教育に求められているリベラルアーツだと思うのだが、これはまさに、先の図表6（106頁）において諸科学の共通基盤として位置づけた「人文知」そのものである。

したがって、大学では多様な科学を教授する一方で、すべての科学知を貫くものとしての人文知もまた同時に涵養しなければならない。そうすることで、学生たちははじめて個別の学問分野が囲い込まれている限界から解放され、文字通り文理の別にとらわれない視野や知見を獲得することができるだろう。その意味で、人文知とリベラルアーツはほとんど同義であると言っても差し支えないと、私は考える。

意図的なものであったかどうかは別として、文系学部の縮小や廃止につながりかねない大臣通知が軽々しく発出されてしまったという事実は、教育政策に携わる人たちが以上のように定義された人文知＝リベラルアーツの視点をいかに欠いているか、そして目先の成果に囚われた実用主義が政治や行政の場にいかに深く浸透しているかを、如実に物語っている。私たちはこれをむしろ、既成の学問のありようを根底から問い直す絶好の契機として受けとめ、人間の知的営為を支える普遍原理としての人文知を教育の場に定着させることに努めなければならない。

第３章

英語民間試験問題

1　導入のプロセス

†民間試験が浮上するまで

この問題に関しては、本章の原稿をひと通り書き終えた後になって大きな動きがあった。二〇一九年一〇月二四日に萩生田光一文部科学大臣がテレビ番組で「自分の身の丈に合わせて頑張ってもらえば」と発言したことをきっかけに「格差容認」との批判が一気に高まり、共通IDの申請開始日であった一一月一日に、大学入試共通テストでの英語民間試験の活用は二〇二四年度まで延期されることが発表されたのである。

すでに何年も前からさまざまな課題が指摘されていたにもかかわらず、大臣のオウンゴールともいうべき失言がなければおそらく二〇二〇年度からそのまま強行されていたにちがいないことを思えば、政府与党や文部科学省だけでなく、マスコミや野党も含めて、これまでいったい何をしてきたのか、なぜもっと早くこの問題を大きくとりあげなかったのかと言いたくなる気持ちは抑えがたいが、ともあれ結果としては喜ばしいことだと思う。

だが、そもそもなぜここまで混迷が深まってしまったのか。その過程と原因をいま綿密に検証しておかなければ、数年後にまた同じことが繰り返されない保証はない。事が事であるから、学内事情の機微に触れることがらをみだりに語るわけにはいかないが、この問題は個別の大学を越えて、今や全国レベルで多くの若者たちの将来に関わる大きな関心事となっている。その意味でも、東京大学がこの問題にどのように対応してきたのかを振返っておく意義はあるだろう。

先述した通り、東京大学理事在任中の私のおもな職掌は教育と評価（二〇一七年度以降は教育と学生支援）であって、入試は一度も担当していない。また言うまでもなく、私は英語教育の専門家でもない。だから本来は英語民間試験の問題に直接関わる立場にはなかったのだが、入試と教育は本来切り離せないという事情もあって、任期最後の一年間はかなり深く首を突っ込む（突っ込まざるをえない）こととなった。

全般的な経緯と問題点については、たとえば『検証　迷走する英語入試』（南風原朝和編、岩波ブックレット、二〇一八年）などに行き届いた解説と詳細な年表があるので、そちらを見ていただきたい。ここでは誰でもアクセスできるいくつかの資料を参照しながら、まずはこれまでのおおよその流れを整理しておくことにする。

日本の英語教育は文法と読解に偏っているので、実践的な英会話力の養成が急務であるという議論は、もうだいぶ前から各方面でされていた。たとえばすでに一九八六年四月には、臨時教育審議会が第二次答申で「現在の英語教育は、長期間の学習にもかかわらず極めて非効率」であるから「大学入試において、TOEFLなどの検定試験の結果の利用も考慮する」ことが必要であると指摘している。

より近いところでは、二〇〇三年六月五日付の文部科学省高等教育局長名の通知、「平成一六年度大学入学者選抜実施要項について」に「外部資格試験等の活用」という項目があって、「大学は、入学志願者の外国語におけるコミュニケーション能力を適切に評価するよう、必要に応じ、実用英語技能検定（英検）やTOEFL等の結果を活用するなど選抜方法の工夫・改善を図ることも考えられる」と記されていた。

民主党政権時代の「グローバル人材育成推進会議」が二〇一二年六月四日付で公表した審議まとめには、「4つの技能をバランス良く問うタイプの入試への転換」や「一般入試においてTOEFL・TOEICの成績等をどのように評価・換算するかの標準的方法の開発・普及」などの提言が盛り込まれている。

この流れは、二〇一二年一一月に自民党政権が復活してから一気に加速する。おもな事項のみ拾っておくと、二〇一三年四月八日には、自由民主党の教育再生実行本部に設けられた「成長戦略に資するグローバル人材育成部会」の第2次提言で、「TOEFL等の外部試験の大学入試への活用の推進」が主要施策のひとつとして掲げられ、「実用的な英語力を測るTOEFL等の一定以上の成績を受験資格及び卒業要件とする」ことが打ち出された。

これと時をおかずに、二週間後の四月二二日には経済同友会も「実用的な英語力を問う大学入試の実現を——初等・中等教育の英語教育改革との接続と国際標準化」と題する文書で、「大学の英語入試（一般入試）において、実生活でのコミュニケーションに必要な「聞く」「話す」「読む」「書く」の4つの技能を総合的に測定する外部資格試験を活用する」という政策提言をおこなっている。

さらに二か月後の六月一四日には「第2期教育振興基本計画」が閣議決定され、「大学入試においても、高等学校段階で育成される英語力を適切に評価するため、TOEFL等外部検定試験の一層の活用を目指す」こととされた。そして同年一〇月三一日に公表された教育再生実行会議の第4次提言には、「TOEFL等の語学検定試験（……）も学力水準の判定と同等に扱われるよう大学の取組を促す」という文言が盛り込まれている。

これらの動きを見ると、大学入試における英語民間試験の活用は早くから話題になっていたものの、具体的な政治課題としてにわかにクローズアップされてきたのは二〇一〇年代前半からであったことがわかる。ただし、この段階ではあくまでも大学入試一般の話にとどまっており、多くの受験者を対象とする共通試験への導入が話題になっていたわけではなかった。また「TOEFL等」という言い方が繰り返し現れることからうかがえるように、当時はまだ「民間試験といえばTOEFL」というのが通念であったようだ。

†共通テストへの導入

大学入試センター試験との関係で英語民間試験の利用可能性が明確に言及された文書としては、二〇一四年九月二六日付で公表された「英語教育の在り方に関する有識者会議」の報告書、「今後の英語教育の改善・充実方策について　報告――グローバル化に対応した英語教育改革の五つの提言」がある。

そこには「例えば、4技能を測る資格・検定試験と大学入試センター試験の得点換算表を作成し、受験者は資格・検定試験と大学入試センター試験のいずれか点数の高い結果を各大学に提出できる仕組みや、各大学の個別学力検査を代替することなどが考えられる」

という記述があり、さらに「日本人の英語力の現状と、日本人学生の海外留学を促進するという点から考えると、大学入試センター試験及び個別大学入試における英語の試験を廃止し、4技能をより正確に測る英語の資格・検定試験に代替すべきであるとの指摘があった」という補足も記載されている。

これはかなり踏み込んだ意見であり、今回の問題の萌芽もこのあたりにあったと思われる。各大学が個別入試の英語を民間試験で代替するかどうかは、それぞれの教育理念とアドミッション・ポリシーに従って自主的に決めればいいことだが、数十万人が受験する大学入試センター試験の英語を廃止してこれに置き換えるとなると、そう簡単な話ではない。

しかし論評は後回しにして、経緯の確認を続けよう。

二〇一四年一二月二二日付の中央教育審議会答申、「新しい時代にふさわしい高大接続の実現に向けた高等学校教育、大学教育、大学入学者選抜の一体的改革について」（以下、随時「高大接続改革答申」と呼ぶ）には、「特に英語については、四技能を総合的に評価できる問題の出題（例えば記述式問題など）や民間の資格・検定試験の活用により、「読む」「聞く」だけでなく「書く」「話す」も含めた英語の能力をバランスよく評価する」という文言が盛り込まれた。

そして年が明けて二〇一五年一月一六日には、文部科学大臣名で「高大接続改革実行プラン」が決定され、これを受けて三月五日には、その具体的な方策について審議するために「高大接続システム改革会議」が設置された。

一年あまりをかけたこの会議での議論の結果は、二〇一六年三月三一日付の「最終報告」にまとめられているが、委員のひとりであった南風原朝和氏によれば、この会議では「英語民間試験のことはほとんど話題にも上らなかった」（『AERA』二〇一九年一一月一八日号）という。確かに報告書には二〇二〇年度から大学入試センター試験に代えて「大学入学希望者学力評価テスト（仮称）」を導入し、英語については4技能の評価を促進することが盛り込まれているが、民間試験については「民間の資格・検定試験連携の知見の積極的な活用の在り方なども含め検討する必要がある」という記載があるにとどまっている。しかもそのさいの留意点として「適正かつ公正で透明性の高い試験実施体制（セキュリティや不正対策も含む）」、「費用負担の在り方や受検機会の確保」、「継続性・安定性の確保」、「英語の多技能を評価する問題の実施時期」などがすでにこの段階で明確に挙げられていた。

高大接続システム改革会議が役目を終えた後の具体的な制度設計は、二〇一六年四月二八日に文部科学省内に設置された「改革推進本部・高大接続改革チーム」に引き継がれる。流れが大きく変わったのはどうやらこのあたりからのようだ。

同年八月三一日には、第一回目の進捗状況公表がおこなわれたが、そこでは「将来的には、受検料負担に配慮しつつ、関係者の意見を踏まえながら、資格・検定試験の活用のみにより英語4技能の評価を目指すこと」（強調引用者）、すなわち大学入試の英語を民間試験に一本化するという基本姿勢が明確に打ち出されていた。

八か月あまりが経過して、二〇一七年五月一六日には第二回目の進捗状況公表がおこなわれたが、今度は「「読む」「聞く」「話す」「書く」の4技能を適切に評価するため、共通テストの枠組みにおいて、現に民間業者により広く実施され、一定の評価が定着している資格・検定試験を活用する」（強調引用者）とされていた。ここで「共通テスト」と言われているのは、高大接続システム改革会議において「大学入学希望者学力評価テスト（仮称）」と呼ばれていたものであり、従来の大学入試センター試験に代わるはずのものである。

これに関してはさらに、二〇二〇年度以降は共通テストの英語を廃止して民間試験——一定の基準を満たすものとして国が認定したものに限るという趣旨から、ここでは「認定試験」と呼ばれている——に一本化するというA案と、二〇二三年度までは共通テストの英語を実施し、各大学がこれと民間試験のいずれか、または双方を選択利用できるようにするというB案が併記されていた。

また具体的活用方法については、「［認定試験の］試験結果及びCEFR《セファール》の段階別成績表示を要請のあった大学に提供する」というように、その後しばしば話題になるCEFR（Common European Framework of Reference for Languages：ヨーロッパ言語共通参照枠）への言及も見られた。

†最初の分岐点

急速に進行するこうした一連の流れにたいして、大学側も手をこまねいていたわけではない。

文部科学省の二度目の進捗状況公表から一か月後の二〇一七年六月一四日、国立大学協会は「「高大接続改革の進捗状況について」に対する意見」と題する文書で次のような意見表明をおこなっている。

これまでの大学入試センター試験における英語試験の果たしてきた役割・実績を検証するとともに、新たに導入する認定試験について、認定の基準、学習指導要領との整合性、受験機会の公平性を担保する方法や、種類の異なる認定試験の成績評価の在り方などについて早急に検討し、それらの見通しを示すべきである。そのような情報がない中ではあまりにも不確定な事項が多く、現時点で共通テストの英語試験の廃止の可否を判断することは拙速と言わざるを得ない。

この文章を読むと、国大協はこの時点では文科省の方針にたいしてかなり批判的、あるいは少なくとも慎重であったことがうかがえる。

じっさい、この意見表明では「次の点について、早急に更なる詳細が示されることを求める」として、民間試験導入にたいするいくつかの懸念事項が列挙されていた。「認定の基準及びその方法」、「学習指導要領との整合性」、「受験機会の公平性担保、受験生の経済的負担軽減等の具体的方法」、「異なる認定試験の結果を公平に評価するための対照の方法」の四項目で、主要な問題点はこのときほとんど指摘されていたことがわかる。

ところがその一か月後、七月一三日に文部科学省から公表された「大学入学共通テスト実施方針」は、五月一六日の進捗状況報告の内容をほぼそのまま踏襲するものであり、国大協が提起していた疑問点への回答はいっさい示されていなかった。既定路線の進行にストップをかけるとすればここがそのタイミングであり、いわば最初の分岐点だったように思われるのだが、国大協がゼロ回答にたいして明確な抗議をおこなった形跡はない。

ただし文科省が公表した実施方針には、重要な内容がひとつ含まれていた。それは共通テストの英語試験について、「制度の大幅な変更による受検者・高校・大学への影響を考慮し、認定試験の実施・活用状況等を検証しつつ、平成35年度〔二〇二三年度〕までは実施し、各大学の判断で共通テストと認定試験のいずれか、又は双方を選択利用することを可能とする」と明記されていたことである。

つまり五月の進捗状況報告で提示されていたA案とB案のうち、後者のB案を採用するという方針が示されていたわけだ。

その理由についての文科省の説明は以下の通り。

　上記2案に対して提出された意見としては、英語の4技能を評価することについては総論として賛同するものが多い一方で、B案としつつ共通テストとして英語試験の継続実施を強く要望する意見（全国高等学校長協会）や、共通テスト英語試験の廃止は認定試験の実施・活用状況を検証した上で判断すべきとする意見（国立大学協会）、導入時期も含め慎重な検討を促す意見（都道府県教育長協議会）など、A案に否定的で、かつ、共通テストで英語を継続して実施すべきとする意見が多かった。

このように、国大協を含む複数の団体から示された意見を受けて、文部科学省は（時限つきではあれ）さしあたり民間試験への画一的な一本化（A案）を見送り、各大学の自主的な選択の余地を残したわけである。だからこのままいけば、二〇二〇年度からの入試にさいして民間試験を利用しなくても何の問題もなかったことになる。不安が払拭されていないと判断する大学は共通テストだけを利用すればよかったわけで、その後の無用な混乱は避けられたはずなのだ。

†第二の分岐点

ところがこの後、いかにも奇妙な事態が進行する。

二〇一七年九月二九日、各国立大学長に宛てて、国立大学協会入試委員会委員長名のアンケートが届けられた。これは「平成32年度〔二〇二〇年度〕以降の国立大学入学者選抜制度――国立大学協会の基本方針（案）――」と題する文書についての意見を徴するものである。

この基本方針案自体は、すでに六月の国大協総会で提示されていたものだが、意見照会にあたっては、その後の検討を経て何か所かに修正が加えられた新ヴァージョンが資料として添付されていた。そしてそこには「認定試験を「一般選抜」の全受験生に課すとともに、平成35年度〔二〇二三年度〕までは、センターの新テストにおいて実施される英語試験を併せて課すこととし、それらの結果を入学者選抜に活用する」という文章が、新たに赤字で書き込まれていたのである。

先に確認した通り、七月一三日の文科省文書では「各大学の判断で共通テストと認定試験のいずれか、又は双方を選択利用することを可能とする」（強調引用者）とされていた。にもかかわらず、国大協の入試委員会は「認定試験を「一般選抜」の全受験生に課すとともに、（……）センターの新テストにおいて実施される英語試験を併せて課す」（強調引用者）と言っているわけだから、さらに一歩踏み込んだ案になっている。

国が「いずれか」でもいいと言っているのに、なぜ進んで「双方」の利用を一律に適用しようとするのか。文科省が認めている「各大学の判断」を放棄してしまうような方針を、なぜみずから打ち出すのか。これではわざわざ自分の手足を縛るようなものではないか。理解に苦しむ話である。

もうひとつ驚かされるのは、アンケート期間の極端な短さである。九月二九日付で送られてきた意見照会の回答期限は一〇月六日の一七時、検討時間はわずか一週間しかない。しかもこの意見照会には、国語と数学の記述式問題や入試全体のスケジュール問題など、英語問題以外にも重要な事項が含まれていた。まじめに対応しようと思えば、とても一週間で回答できるものではない。

もっとも東京大学ではこの時点で、英語民間試験の問題はまだほとんど認知されていなかった。私自身も、このようなアンケートが来ていること自体知らなかったくらいである。ただし提出された回答を後から見ると、受験者の負担や公平性、英語以外の外国語選択者への対応などについての懸念・課題が未解決であることから、一般選抜の全受験生にこれを課すことを拙速に決定すべきではない、という意見がきちんと述べられていた。

前述したように、国大協は二〇一七年六月の時点で民間試験導入にともなう四つの問題点を指摘した上で、より詳細な見通しを早急に示すよう文科省に要望していた。これは的確な対応だったと思う。ところがそのいずれにたいしても明確な回答が得られていないにもかかわらず、わずか三か月後には、あたかもこれらの懸念事項などなかったかのように、国の方針に従うどころか、それ以上に踏み出した基本方針をみずから策定し、しかもどう見ても無理なスケジュールでこれを推し進めようとする——その性急さと強引さには、どうしても不自然なものを感じずにはいられない。

もし英語民間試験問題に第二の分岐点があったとしたら、それはこの意見照会の時点だったのではないか。ここで各大学が連携して議論を深め、少なくとも認定試験を一般選抜の全受験生に課すという方針だけはくいとめる方向で一致していたならば、その後の展開はずいぶん違っていたにちがいない。

もちろん民間試験の活用に慎重な大学がある一方で、これを積極的に導入したいと考えている大学もあるだろう。しかしいずれの立場をとるにせよ、各大学に自主的判断の余地を残しておきさえすれば、なんの支障もなかったはずなのだ。

だが、わずか一週間のあいだに複数の大学が相互に連絡をとりあって足並みをそろえることなど、もちろんできるはずもない。アンケートは一〇月六日で締め切られ、その六日後の二〇一七年一〇月一二日には、国大協の基本方針（案）に付随するものとして「英語認定試験及び大学入学共通テストの記述式問題の活用に関するガイドライン（骨子案）」が提示された。

認定試験の活用方法については「《案の1》一定水準以上の認定試験の結果を出願資格とする」、「《案の2》認定試験の結果を点数化し新テストの英語試験の得点に加算する」という二つの選択肢が併記されていたが、これが後に若干の修正を経て、国大協のガイドラインとして周知されることになるものの原型である。

そして一か月後の一一月一〇日付で、「平成32年度以降の国立大学入学者選抜制度―国立大学協会の基本方針―」が最終版として公表された。

2　迷走する東大

†シンポジウムの意義

ここまでの経緯は、さまざまな資料を参照しながら事後的に再構成したものであり、私自身がリアルタイムで経験したことではない。大学執行部の一員としてのみならず、語学教育に長年携わってきた一教員としても、もっと早い段階で関心をもつべきであったと忸怩たる思いがするが、当時は国大協の動向についてもほとんど情報が流れてこなかったので、事態の深刻さに気づかなかったというのが実情である。

私がようやくこの問題にめざめるきっかけとなったのは、二〇一八年二月一〇日に東京大学の高大接続研究開発センター主催でおこなわれた「大学入学者選抜における英語試験のあり方をめぐって」と題するシンポジウムである。

司会は南風原朝和センター長が務め、パネリストは文部科学省高等教育局・大学振興課大学入試室長の山田泰造氏、元長崎大学長で国立大学協会入試委員長として基本方針を作成した片峰茂氏、英語の資格・検定試験とCEFRとの対応関係に関する作業部会の委員を務めたベネッセコーポレーションGTEC開発部長の込山智之氏、英語試験のあり方について積極的に発信している京都工芸繊維大学の羽藤由美氏、『史上最悪の英語政策――ウソだらけの「4技能」看板』(ひつじ書房、二〇一七年)というセンセーショナルなタイトルの本を出版した東京大学文学部の阿部公彦氏、そして東京都立西高等学校長で全国高等学校長協会会長を務める宮本久也氏の六名であった(肩書はすべて当時のもの)。

単純に色分けするつもりはないが、振り返ってみれば推進派と慎重派が三名ずつという絶妙の構成になっている。しかも立場こそ違え、全員がこの問題に深く関わる人ばかりで、これだけの顔ぶれが一堂に会して議論するというのはまことに貴重な機会であったと思う。ちなみに聴衆は大学関係者、高校関係者、マスコミ関係者のほか、一般参加者も含めて約四〇〇名で、用意した大教室に入りきらない人たちのために副会場を設けて映像中継するほどの大盛況であった。

最初のパネリスト発表では、山田氏は文部科学省の基本的な姿勢と方針を説明し、片峰氏は国大協としての一体感と改革としてのスピード感の必要性を強調、込山氏は民間事業者の立場からGTEC（Global Test of English Communication）のさまざまな工夫を解説し、羽藤氏は大学入試でのスピーキングテスト経験を踏まえて民間試験導入に反対の意を表明、阿部氏は英語の専門家としての立場から安易なスピーキング重視主義を批判、そして宮本氏は高校の立場から民間試験を導入するにしてもハードルは低くしてほしいと要望する、といった内容であった。

シンポジウムの全容は東京大学高大接続研究開発センターのホームページからダウンロードできるので、詳細はそちらをご覧いただきたいが、私としては、とにかく当日の議論から多くの示唆を得たということだけ記しておく。

フロアの反応も活発で、全部で一七二名から質問や意見が寄せられた。「現行のセンター試験は、それほどにも不十分な点が多いのでしょうか。では、これまでのセンター試験はいったい何だったのですか」(小中高教職員)、「英語民間の活用とは、相応の負担を国民に求めるものであります」(学生)、「〔片峰氏は〕一体的対応を強調されていたが、改革の方向がまちがっていた場合、全員が失敗することになる。少なくとも外部試験の活用法まで国大協で統一すべきではないと思うがどうか」(大学教職員)といった批判的な意見が多く見られる一方、「〔民間試験を導入すれば〕高校における英語教育が大変窮屈になるというが、入試偏重の教育をしているのが実態で、それが今回の入試改革につながる課題を生んでいるのだから、入試が変わったら英語4技能を育成するようになってむしろ良くなるのではないか」(小中高教職員)といった意見もあって、教育現場でも見方が分かれていることを実感させられた。

いずれにせよ、私を含めて、このシンポジウムではじめて英語民間試験問題の現状を認識したという人は多かったのではあるまいか。逆に言うと、それまでこの問題は直接影響を受ける一部の関係者のあいだで共有されるにとどまっており、一般聴衆にも開かれた公の場で集中的に討議される機会が少なかったということでもある。その意味で、立場を異にする人たちが率直な意見を戦わせることができた意義はきわめて大きい。企画者にはもちろん、批判を覚悟でパネリストを引き受けた方々にも心から敬意を表したいと思う。

†東大は民間試験を使わない？

時間的には前後するが、このシンポジウムより前の二月一日付で、東大教養学部の英語部会（前期課程英語教育担当者の集団）は「大学入学共通テスト（英語）への民間試験導入案について」と題する意見書を本部に提出した。国大協が二〇一七年六月に四項目の課題を挙げて文部科学省に対処の詳細を示すことを要請しておきながら、回答がいっさい得られないまま、一一月一〇日に前述したような基本方針を発表したことについて、強い危惧の念を表明する内容である。

その理由としては、「大学入試センターが「認定」するとしている民間の資格・検定試験は、言うまでもなく、本来的に学習指導要領に基づく英語能力の達成度を計ることを目的として作成されていない」こと、また「学習指導要領の目指す達成度を計るのに、各資格・検定試験が課す4技能を分割した試験方式やその得点配分が有効・適切であるかどうかについての議論や検証もまだ十分尽くされたとは言いがたい」ことが挙げられている。

意見書はさらに、受験生の経済的な負担の増大や、異なる認定試験の成績を相対的に比較することの困難さ等の問題を指摘した上で、「学習指導要領に基づく達成度の評価を目指すことは言うまでもないが、総合的な評価の方法には大学独自の教育理念が反映されて然るべきであり、そのことにおける大学の自律性が損なわれることがあってはならない」とも述べていた。実際に英語の入試に携わる教員の立場から表明された主張として、その意味は大きい。

しかし東大がマスコミ的に注目を浴びたのは、なんといっても一般入試合格発表当日の二〇一八年三月一〇日に開かれた記者会見の場で、福田裕穂入試担当理事が「現時点で業者テストを入学試験として用いることは拙速」という趣旨の発言をしたときだろう。「英語の民間試験　東大使わぬ方針」（朝日新聞）、「東大　民間試験使わず」（読売新聞）、「東大　合否判定に使わず」（毎日新聞・日本経済新聞）等々、見出しはさまざまであったが、新聞各紙は当日の夕刊や翌日の朝刊で一斉にこのニュースを報じた。

私は記者会見の場に同席していたわけではないので、発言の正確な文脈はわからないが、これらの見出しを見れば、誰でも東京大学がこの方針を正式に決定したと思うだろう。教養学部英語部会のメンバーからも、本部はよくここまではっきり決断してくれたと、全面的な歓迎の声が寄せられたくらいである。

じっさい、新聞記事でも「東京大学は10日、2020年度に始まる大学入学共通テストで導入される英語の民間資格・検定試験について、合否判定に使わない方針を決めた」(毎日新聞)とか、「2020年度から始まる「大学入学共通テスト」で導入される英語の民間試験について、東京大学は10日、「民間試験の利用は現時点で拙速」とし、入試の合否判定には使わない方針を明らかにした」(読売新聞)など、「東京大学」を主語にした断定的な調子の報道がなされており、どう見てもこれが大学としてオーソライズされた公式見解であったようにしか思えない。

入試に関する責任者が公式の記者会見で発言した以上、そうとられても当然なのだが、事実はそうではなかった。入試課が「〔発言は〕個人としての考えで、使わないと正式に決めて公表したものではない」とコメントしている通り、この時点では、民間試験の活用自体がまだ大学としては検討の俎上にのぼっていなかったのである。

これらの記事が出た後、民間試験の導入を進めてきた文部科学省や、一般選抜の全受験生にこれを課すという基本方針を定めた国立大学協会、そして文部行政に関わる一部の政治家たちから、東京大学にたいしてさまざまな問い合わせや働きかけがあったであろうことは想像に難くないが、私自身はそのような動きにまったく関与しない（あるいは関与できない）立場にあったので、無根拠な憶測は控えておく。

†東大、方針転換？

二〇一八年三月三〇日には国立大学協会が「大学入学共通テストの枠組みにおける英語認定試験及び記述式問題の活用に関するガイドライン」を正式に発表し、これまでの路線通り「一般選抜」の全受験者に英語認定試験の受検を課すとともに、

① 一定水準以上の認定試験の結果を出願資格とする。

② CEFRによる対照表に基づき、新テストの英語試験の得点に加点する。

のいずれか、または双方を組み合わせて活用することを基本とする方針を提示した。

しかしここまでの文脈からすれば、民間試験の利用は現時点では拙速と明言していた東京大学がこの方針に従うことはありえないと、誰もが考えていたはずだ。いくら国大協が組織としての統一感を重視していたとしても、入学者選抜という最重要事項に関しては各大学の自主的裁量が最大限に尊重されなければならない。ガイドラインはあくまでガイド

ラインであって、強制力はないというのが常識的な解釈である。

じっさい、ガイドラインの公表後も、東京大学新聞には「方針は変わらない。現段階で答えることはない」（四月一七日号）という本部の回答が紹介されていた。

だが、本当の混乱はこの後に訪れる。それからわずか一〇日後の四月二七日、東大のホームページの受験生向け情報提供欄に「東京大学の入学者選抜に関する考え方について」という、全部で六項目から成る文書が掲載されたのだが、その第四項には、「東京大学はこの〔国大協の〕基本方針及びガイドラインに沿って、英語認定試験の入学者選抜機能を検証するとともに、入学後の教育的効果まで含めた検討を行うなど、入学者選抜での英語4技能評価が実効あるものとなるよう努めていきます」（強調引用者）と書かれていたのである。

それだけではない。第六項には「学内にワーキング・グループを設置し、英語認定試験については国立大学協会のガイドラインに従い、認定試験結果の平成32年度以降の大学入学共通テストにおける具体的な活用方策について検討することとしました」（強調引用者）という記述があった。

民間試験を活用しないという方針は変わらないのではなかったのか？　東大はいつ、国大協のガイドラインに従ってこれを活用するという、これまでの姿勢とは一八〇度異なる決定をしたのか？　四月一七日から二七日までのあいだに、いったい何があったのか？あるいはその前からすでに、こうした方針転換を迫られるような事態が水面下で進行していたのか？——一連の流れを追ってきた者ならば、こうした疑問を覚えるのは当然だろう。

この文書は入試担当理事名で公表されたものだが、三月の記者会見での発言とは正反対の内容であり、しかも前回と同様に正式な審議過程を経たものではなかったので、私自身、正直のところ目を疑った。ところが文章の主語は「東京大学」なので、誰が読んでも大学として慎重に検討を重ねた上での公式発表としか思えない。直接の所掌事項でなかったとしても、執行部の一員である私は必然的に、その内容に連帯責任を負わざるをえない立場に置かれてしまう。

案の定、このとき私は学内外の何人もの知人から、東大はどうして急に方針を変えたのかと尋ねられた。しかしこの間の事情をまったく知らされていなかった私は、当然ながら質問に答えることはできなかった。

翌日の新聞各紙はこの文書公表を事実上の方針転換と受けとめ、「東大　民間試験活用へ」（読売新聞、毎日新聞、日本経済新聞）、「民間検定　東大、一転活用へ」（産経新聞）などの見出しで報じた。転換の理由として、毎日新聞には「国大協や他大学と協議した結果、民間試験への懸念がある程度解消された」という入試課のコメントが引用されていたが、どの大学とどのような協議がおこなわれ、どの懸念がどの程度解消されたのかはまったく説明されていない。

いずれにせよ外から見れば（内から見ても）、民間試験を使わないと言ったり一転して使うと言ったり、大学としての方針が無定見に揺れ動いているという印象はまぬがれない展開であった。文字通りの「迷走」である。

この唐突な方針変更については、「さる政府関係者」の話として、元文部科学大臣の下村博文氏が東大の五神総長と幹部を自民党本部に呼びつけ、「これ以上、遠藤（利明）さん（英語民間試験導入を早期から主張していた自民党議員）を困らせるな」と叱責したという、穏やかでない記事が週刊誌に掲載されたりもした（「週刊新潮」二〇一九年一一月一四日号）。ニュースソースが明らかにされていないこの種の記事を鵜呑みにしてはならないと思うし、下村氏自身はこの件をきっぱり否定しているので、単なるゴシップのたぐいにすぎないことを願うばかりであるが、二〇一九年一一月一八日にはNHKが、二〇一八年四月一三日（東大の「方針転換」の二週間前）に開かれた教育再生実行本部の会議で、民間試験を活用するよう東大を指導せよ、と下村氏が文部科学省に求める発言をしていたことを音声データとともにニュースで報道し、大きな話題となった。

この件に関しては、下村氏も文部科学省も、そして東大当局も「政治的圧力」の存在を否定しているが、それが事実であるとすれば、四月二七日の文書公表の理由は「大学側の忖度」以外に説明がつかなくなってしまうのではなかろうか。背景にはもちろん私にはうかがい知れない複雑な事情があったのだろうし、いろいろな葛藤や逡巡もあったのだと思うが、もし入試課がコメントしていたように、本当に国大協や他大学との協議によってこの時点で「民間試験への懸念がある程度解消」されていたのであれば、その具体的内容を説明する必要があるだろうし、それ以外の要因があったのだとすれば、誰もが納得できるような形で事の経緯を明らかにする責任があるだろう。

ともあれこうした経緯を受けて、五月一七日には教養学部の英語部会がふたたび文書を総長宛に提出し、大学執行部の矛盾した対応を強い調子で批判するとともに、これから設置される予定のワーキング・グループでは、民間試験を導入すること自体の妥当性がまず再検討されるべきであるという要望を表明した。これまでの主張からすれば当然の反応である。

†ワーキング・グループの答申

そのワーキング・グループ（以下、WGと表記）はおよそ一か月後の五月二四日に正式に設置されたのだが、いささか意外なことに、座長に指名されたのは私であった。

もちろん私としては、四月二七日文書にあったように「国大協の基本方針とガイドラインに従う」ことを前提として、認定試験結果の「具体的な活用方策について検討する」ことを任務とするのであれば、そのような役回りを引き受けるわけにはいかない。しかしこのまま傍観していたのでは東大が危機的な状況に追い込まれるのではないかという思いも強かったので、あくまでも「ゼロベースでの検討」を条件とした上でこれを受諾することにした。そして、夏季休暇に入る前の答申をめざしてインテンシヴな作業にあたることとなったのである。私が実質的に英語民間試験問題に関与するようになったのは、この時点からであった。

この間、六月一五日には「第3期教育振興基本計画」が閣議決定され、英語力については、中学校卒業段階でCEFR換算表のA1レベル相当以上、高等学校卒業段階でCEFR換算表のA2レベル相当以上を達成した中高生の割合を五割以上にするという目標が掲げられた。
そんな状況の中で、ＷＧは約一か月半後の二〇一八年七月一二日付で総長宛に「入学者選抜方法検討ワーキング・グループ答申」を提出した。これはあくまで学内文書であるから、学外にも広く公表すべきかどうかをめぐっては慎重論もあって多少もめたが、けっきょく七月一四日付でそのまま大学のホームページに掲載することとなった。
この答申では最終的に、明確な優先順位をつけて以下の三つの提案をおこなっている。

提案１：出願にあたって認定試験の成績提出を求めない。
提案２：認定試験をめぐる諸課題への対応について文部科学省ほか関係機関からの具体的かつ詳細な説明を受け、十分に納得のいく回答が得られたらその時点で認定試験の活用可能性について検討する。
提案３：認定試験のＡ２レベル以上の結果を出願資格とするが、一定の条件のもとに例外を認める余地を残し、可及的速やかに具体的な要件を定める。

それぞれの提案趣旨については、答申の全文を読んでいただきたいが、ここでは簡単な補足のみ記しておく。

提案1の根拠になっているのは、東大の憲法ともいうべき「東京大学憲章」の「I．学術（教育の目標）」において、「東京大学で学ぶに相応しい資質を有するすべての者に門戸を開」くことが謳われている箇所である。

英語民間試験を出願要件として全受験生に課すことは、これまで出願段階においては勘案してこなかった「成績評価」という要素を、それも英語という特定の科目のみについて付加することを意味する。これは出願資格に新たな制限を設けることであり、従来の出願要件を満たす「すべての者に門戸を開」いてきた東大が門戸を狭めることになるので、憲章の精神に抵触しかねないというのが、基本的な考え方である。

つまり、懸念が多いから民間試験を使わないというのではなく、そもそもこうした要件を課すこと自体が大学の理念に反するという趣旨であり、個人的には今でもこの姿勢は正しかったと考えている。

提案2は、すでに指摘されているように英語民間試験の導入には多くの問題点があり、今なお懸念が払拭されていないという現状を踏まえつつも、活用可能性を最初から排除するのではなく、一定の条件のもとに検討する余地を残しておくという趣旨である。

大学側としては、明確な解決の見通しが立たないままに決定を急いで受験生の不安や混乱を拡大するわけにはいかないので、以下の四項目の要望にたいする回答を文部科学省あるいは大学入試センターに求めることにした。

○語彙、文法等、あらゆる観点から見て、高等学校学習指導要領との整合性がどのように満たされているのか、検証結果の詳細を示していただきたい。
○個別の認定試験が示している点数とCEFR換算表との対応を横断的に比較・検証し、異なる認定試験の換算結果どうしを同一基準で比較し得るとする根拠を説明していただきたい。
○スピーキングテストの実施体制や採点体制が、公平公正の観点から見て十分に信頼できるとする根拠を説明していただきたい。
○大学入試センターが各実施主体に対して「今後一層の取組を求めたい事項」として挙げている3つの点（検定料、試験実施会場、障害等のある受検生への合理的配慮）について、それぞれ具体的にどのような対策が準備されているかを示していただきたい。

これらの問いにたいして十分に納得のいく説明が得られたら、その時点であらためて民間試験活用の可否を検討するという提案である。

最後の提案3は、認定試験活用の可能性をひとまず容認する選択肢だが、その場合のレベル設定は先に触れた「第3期教育振興基本計画」に目標として示されていたCEFR換算表のA2とし、門前払いにされる受験者をできるだけ少なくするよう配慮した。ただし何らかの事情でこの出願要件を満たせない受験者が存在する可能性がゼロとは言い切れない以上、あらゆるケースを想定してセーフティネットを用意しておくという趣旨である。

†文部科学省の対応

このWG答申に応答する意図であったかどうかはわからないが、文部科学省は二〇一八年八月二八日付で「大学入学共通テストの枠組みで実施する民間の英語資格・検定試験について」と題する文書を公表し、いくつかの懸念事項にたいする説明を提示した。しかし残念なことに、それは前記提案2の要望にじゅうぶん応えるものでなかったばかりか、これまで各方面から提起されてきた諸課題への疑念を払拭するものでもなかった。

この文書は全部で七つの項目からなっているので、順次主要な論点をかいつまんで紹介しながら、それぞれにたいする疑問点を述べておく。

第一項目は「民間試験が共通テストへの参加要件及び参加要件を満たしていることの確認方法」である。文書では確かに審査体制や検証の手順は説明されていたが、そもそも問題や解答の公表が認定要件とされていないことについては触れられていない。しかるに文科省は、いくつかの大学で相次いだ入試ミスへの反省から、二〇一八年六月五日付で通知を出し、各大学にたいして入試問題および解答（例）もしくは出題意図の公表を強く求めている。「大学入学共通テストの枠組み」で英語民間試験を導入するのであれば、これについても同様の措置をとるのが当然ではないか。

第二項目は「高等学校学習指導要領との整合性」である。この点については「英語教育の専門家、高等学校英語教育の教育課程の基準の専門家、文部科学省職員」で確認をおこなったとされているが、そのメンバーが具体的に誰なのか、そしてそれぞれどのような経歴・業績・知見の持ち主であるのかは明らかにされておらず、具体的な検証の方法や経過も示されていないので、結論の客観的妥当性はわからない。

第三項目は「受験機会の公平性担保、受験生の経済的負担軽減等の具体的方法」である。

この項目についてはすでに各方面から問題提起されているが、文科省の文書ではすべて「これから……する」という書き方しかされておらず、現実的な見通しはまったく不明である。また経済格差・地域格差については、非課税世帯や離島・へき地の居住者または通学者への配慮がある程度示されてはいるものの、けっしてじゅうぶんな対応とは言えないし、複数回受検が困難なために不利になる受験生への配慮は依然としてなされていない。

第四項目は「資格・検定試験の成績とＣＥＦＲとの対照表の確認」である。この作業をおこなった部会のメンバーは公表されているが、複数名は「英語民間試験を実施する民間事業者」の委員であり、この人選には利益相反の疑いがある。また「外国語教育及び言語学を専門とする大学教授」の委員についても、それまでの発言内容からして立場の偏りが見られるように思われる。そして東大ＷＧからの質問にたいする回答は示されていない。

第五項目は「実施及び採点の信頼性等」である。すでに民間試験のスピーキングテストを実施した現場からは、隣席の受検者の声が聞こえて邪魔になった、等々の声が寄せられており、東大ＷＧもこの点に関して問題提起したが、これにたいする明確な説明はない。また、スピーキングやライティングの採点には相当数の人員と時間が必要と思われるが、これに対応できる十分な質と量の採点者が確保できるかどうかも不明である。

第六項目は「資格・検定試験の活用に当たっての責任主体」である。文科省の説明には「万が一ミスやトラブルが発生した場合には、一般的に、それぞれ〔の民間事業者〕が実施している範囲について責任を負う」、「民間事業者等の採点ミスについて、センターや大学が責任を負うことは基本的には想定されません」とあるが、五〇万人規模の全国共通テストのミスやトラブルの責任を全面的に民間事業者に負わせるという「丸投げ」の姿勢は、大学入試全体を管轄する官庁としてあまりに安易ではなかろうか。これはおそらく最も重要なポイントであり、これにたいしてみずからの責任を明言しなかったことが、文科省への不信感を増幅させる結果になった。

第七項目は「資格・検定試験を安定的に実施するための取組」である。認定試験の参加要件が満たされなくなった場合には、まず改善案を提出させ、改善されない場合はシステムへの参加を取り消すという趣旨のことが書かれているが、これはあくまでも事後的な処理にすぎず、実際に何らのトラブルが生じた試験を受けてしまった受験生にとっては何の救済措置にもならない回答である。

以上のような問題点が依然として解決されるにはほど遠い状況であったため、東京大学は五神総長が急遽、林芳正・文部科学大臣（当時）と直接会談し、特に第六項目に関連して入学者選抜における実施側関係者の法的責任関係を明確化すること、そして本件に関する継続的な検討の場を文科省主導で設置することの二点について、大臣の了解をとりつけた。九月半ばのことである（後者の約束は二〇一八年一二月一二日に「大学入試英語4技能評価ワーキンググループ」が文科省内に設置されたことで果たされたが、この会議は原則として非公開でおこなわれたため、議論の詳細は明らかでない）。

東京大学の着地点

以上のプロセスを経て、東大としてははじめて学内の正式な委員会での審議を経て発表したのが、二〇一八年九月二五日付の「2021年度東京大学一般入試における出願要件の追加について」という文書である。

結論としては従来の出願要件に加え、次の(1)〜(3)のうちいずれかひとつの書類の提出を求めることで決着を見た。

(1) 大学入試センターによって「大学入試英語成績提供システム」の参加要件を満たすと確認された民間の英語試験（以下、「認定試験」と言う）の成績（ただし、

CEFRの対照表でA2レベル以上に相当するもの)。

(2) CEFRのA2レベル以上に相当する英語力があると認められることが明記されている調査書等、高等学校による証明書類。

(3) 何らかの理由で上記(1)(2)のいずれも提出できない者は、その事情を明記した理由書。

私個人としては先のWG答申の提案1(出願にあたって認定試験の成績提出を求めない)しかありえないと考えていたし、だからこそ明確な優先順位をつけておいたのだが、執行部内には別の立場からの強い主張もあって、けっきょくこのような妥協案に落ち着いたのである。

ただし容易に見てとれると思うが、この最終案の眼目は、(1)と並ぶ選択肢として(2)を加えた点にある。すなわち、高等学校が発行する証明書があれば民間試験を受けなくても出願できることになるので、事実上、国大協のガイドラインには従わないことになる。新聞各紙も「東大、英語民間試験必須とせず」といった見出しで、一斉にこの件を報じた。

そもそも個々の受験生の英語力についていちばん正確に把握しているのは、高等学校の現場で日常的に指導にあたっている先生方であるはずだ。したがってその判断は、緊張を強いられる特殊状況で実施される限られた回数のテスト結果よりも、一般的に信頼度は高いと考えられる。したがって、大学として教育現場の判断を全面的に信頼するというメッセージを発するのは、ある意味当然のことだろう。

東大は民間試験を使うのか否かということが世間の関心事になってしまったという事情があったため、ここでは(1)の選択肢を先に記載しているが、以上の趣旨からすれば(2)のほうが先であってもおかしくない。だから両者のあいだに優先順位はまったくないというのが、この案の本意である。

また(2)の方法であれば、家庭の経済状態や居住地、あるいは何らかの障害等で不利益を被ることなく、出願資格を証明することが可能になる。しかも大学入試における調査書の活用は文科省も推奨しているところであるから、国の方針とも問題なく合致する。

ちなみにここでは「第3期教育振興基本計画」の目標設定に合わせて、CEFRのA2レベル相当以上を目安としているが、このレベル設定に関しては「東大がA2でいいとは情けない」という声が聞かれたりもした。もちろんこれは「出願資格」と「入学資格」を混同した見当はずれの批判であって、実際は個別試験によってさらに上のレベルの英語力をそなえた入学者を選抜するという趣旨である。

一方、事故や病気など何らかの事情で、予定していた民間試験が受検できなかったとか、高等学校を卒業して何年かを経てしまったために、調査書等に英語力に関する記載が得られないなど、さまざまな理由で上記二種類の書類のいずれも提出することができない（あるいは提出することが過重な負担になる）受験生がいることにも配慮しなければならない。(3)は文字通りそのためのセーフティネットである。

この最終案は、(1)によって民間試験を活用する道を開いたという言い方もできるし、逆に(2)によって民間試験を活用しない道を開いたという言い方もできる。どちらを強調するかは立場によって異なるであろう。私自身は、もちろん後者の立場である。

以上の方針を受けて、東京大学は二〇一八年一二月二五日に出願要件に関する予告を正式発表し、二〇一九年三月八日には(2)で求める「英語に関する証明書」および(3)で求める「理由書」の様式案も公表した。ここまでたどり着くにはほかにも言葉にできないほどの「葛藤と迷走」があったが、ともあれこうして英語民間試験問題をめぐる東京大学の混乱にはひとまず終止符が打たれたのである。

3　何が問題だったのか

†その後の展開

その後の展開はまことにめまぐるしいものであったが、おもなできごとについて概略を記しておこう。

少し前後するが、二〇一九年二月一〇日には東京大学高大接続研究開発センター主催で、「大学入学者選抜における英語試験のあり方をめぐって（2）」と題するシンポジウムが開催された。ちょうど一年前におこなわれた同題のシンポジウムの第二弾である。

司会は前回と同じく南風原朝和センター長で、今回はパネリストも兼ねていた。他に大学入試センターの試験・研究統括官（副所長）を務めた京都大学名誉教授の大塚雄作氏、大学入試センターで現役の研究開発部教員を務める荘島宏二郎氏、山口県鴻城高等学校の英語教諭である松井孝志氏、高校生の英語運用能力のアセスメントに関する実践的研究を進めている静岡大学の亘理陽一氏、そして東京都立三田高等学校長で全国高等学校長協会長の笹のぶえ氏（宮本久也氏の後任）がパネリストである（肩書は当時）。

詳細は割愛するが、今回も昨年度を上回る盛況ぶりで、この問題にたいする社会的関心がさらに高まっていることがうかがえた。

一方、同年三月二三日には日本学術会議の主催で、「学術から考える英語教育問題―CEFR、入試改革、高大接続――」と題するシンポジウムが東京大学の駒場キャンパスで開催され、こちらには立教大学名誉教授の鳥飼玖美子氏、前埼玉県立浦和高等学校長の杉山剛士氏とともに、私もパネリストのひとりとして参加した（肩書は当時）。

こうして二〇一八年度は終わりを告げ、私は二〇一九年三月末をもって東京大学を退職した。四月からは新年度が始まったが、二〇二一年度入試が実施されるのは二〇二〇年度であるから、ほとんど秒読み状態に入ったことになる。しかしこの段階になっても、事態が打開される見通しはいっこうに立っていなかった。

こうした現状を見かねた京都工芸繊維大学の羽藤由美氏（第一回目の高大接続研究開発センター主催シンポジウムの登壇者）の呼びかけにより、二〇一九年六月一八日には「2021年度大学入学共通テストにおける英語民間試験の利用中止に関する請願書」が、約八〇〇〇筆の署名を添えて衆参両院に提出された。

続いて六月二七日には和歌山県議会が、受験生の不安解消を求める意見書を全会一致で可決している。

また七月二日には、すでに大学入学共通テストへの参加要件を満たすものと認定されていたTOEICが、みずから参加を取り下げることを発表した。認定時点（二〇一七年三月）には示されていなかった条件や要望が大学入試センターから追加され、日程面等での対応が無理であると判断したためという。

文科省の調査によればTOEICを受けると予想される高校生は全体の一・八％で、これだけ見るとけっして高い数字ではないように思えるが、実数にすればおよそ二万三〇〇〇人に影響が及ぶことになる。たとえ対象者が一人であってもこのような不利益が生じてはならないのに、混乱の犠牲になる受験生がこれだけの規模で出てしまうということ自体、きわめて深刻な事態であると言わねばならない。

七月二五日には国公私立の約五二〇〇校が参加する全国高等学校長協会が、この時点でもなお英語民間試験の実施についてまったく見通しが立っていない現状を踏まえ、一刻も早く不安を解消することを求める要望書を文部科学省に提出した。

この要望を受けて、八月二七日には文科省のホームページに「大学入試英語ポータルサイト」が設けられ、この時点での関連情報が整理されたが、なお不明の点も多く、不安が解消されたと言うにはほど遠い状態であった。

果たせるかな、九月三日に開催された「大学入試4技能評価ワーキンググループ」第六回会合では、このまま見切り発車することへの強い懸念を表明する意見が相次いだそうだが、文科省側はこの段階での変更はかえって混乱を招くとして、従来の方針を見直す姿勢は見せなかったという。この会議もまた「アリバイ作り」にすぎなかったのかと言われても仕方のない話である。

また、全国の高校の七割が民間試験導入の実施にたいして不安を覚えているという調査結果を受けて、全国高等学校長協会は九月一〇日、今度は試験の延期と制度の見直しを求める要望書を文部科学省に提出した。続いて九月二四日には全国大学高専教職員組合が、やはり延期と再検討を求める声明を発表し、民間試験を利用しなくても二〇二一年度の入試は可能であると主張した。

そうした流れの中で、九月一一日の内閣改造で新たに就任した萩生田文部科学大臣は、一〇月一日の記者会見で「初年度は精度向上期間である」という趣旨のことを述べたが、これは一年目の受験生を実験台にすると公言したに等しいものであり、不見識のそしりをまぬがれない発言であった。そして本章の冒頭でも記したように、一〇月二四日には「身の丈」発言が飛び出して一気に流れが慎重論に傾き、ついに一一月一日の延期決定発表へとつながったのである。

延期されたこと自体は歓迎すべきことだと思うが、これは明らかに、たまたまこの時期に新任の経済産業大臣と法務大臣が不祥事により相次いで辞任に追い込まれていたせいで、それ以上政権への風当たりが強まることを恐れた官邸が主導して下された政治判断としか思えない。最終的には一一月二九日に、東大を含む国立大学の大半が英語民間試験を利用しないことを公表して一件落着となったが、本当に受験生のことを考えるのであれば、もっと早い段階で立ち止まることができたはずであるし、そうすべきであった。この段階になっての方針変更が教育現場に多大の混乱をもたらすことは火を見るよりも明らかであり、そのつもりで準備を進めてきた高校や受験生から怒りの声があがるのも当然だろう。

けっきょく教育が政争の具にされてしまったというのが、今回の英語民間試験問題の結末というわけだ。結果良ければすべて良し、と言って喜んでばかりもいられない、なんとも釈然としない顚末ではある。しかし関連会議の議事録も公開されることになったので、導入に至る一連の経緯が遠からず明らかになることを期待したい。

†秋入学問題との相同性

それにしても、なぜここまで問題がこじれてしまったのだろうか。なぜこのようにおかしなことが、何度も軌道修正する機会があったにもかかわらずそのまま進行し、今日のような事態に至ってしまったのだろうか。政治レベルの話は抜きにして、あくまでも「思考の筋道」という観点から検証してみたい。

まず確認しておきたいのは、今回の議論の発端にはまちがいなく、「実用英語／教養英語」という古典的な図式の刷り込みがあったということだ。中学・高校で六年間も英語を習ってきたのに、けっきょく全然しゃべれるようにならなかったという不満を抱いている大人は相当数いると思われるが、そうした大人たちはたいてい、これは日本の英語教育が文法中心の「教養英語」に偏ってきたせいである、だからこれからはグローバル化時代に対応できるように、会話中心の「実用英語」に舵を切らなければならない、と主張するようになる。

こうした実用主義への傾斜は、第2章で扱った文系学部廃止問題とも深いところでつながっていると思うが、素朴な感覚として理解できないわけではない。「読む」「聞く」という受信型の語学力だけでなく、「書く」「話す」という発信型の語学力も重要であることは確かだろう。

しかし実用に役立つリーディングもあれば、教養を深化させるスピーキングもあるのであって、「実用英語＝会話／教養英語＝文法」という二分割はほとんど意味のない図式である。もともと英語に「実用英語」と「教養英語」の二種類があるわけではないのだから、私たちはまず、この単純な二項対立的発想から脱却しなければならない。

これからの時代を生きていくためには（好きな言葉ではないが）「4技能」のバランスのとれた英語力が必須であるということ自体は、おそらく否定しようがない。ただし四つの能力はそれぞれ独立して習得されるものではないので、どれかひとつを過度に強調する風潮は危険である。

口先だけの会話練習ばかりしていたのではいつまでたっても内容のある英文が読めるようにはならないし、書けるようにもならない。また、逆に内容のある英文を読みこなしたり書いたりするためには、実際に相当量の英語を聞いたり話したりする経験が不可欠である。これは英語に限らず、どんな外国語を学ぶにあたっても言えることだ。

外国語は早期に学び始めるほど定着度が高いという考えに関しては賛否両論あると思う

が、事実としてはすでに二〇一八年度から段階的に小学校教育に英語活動および英語科目が導入されており、二〇二〇年度以降は小学校三年生から英語教育が必修化される予定になっている。

中等教育においても、まずは授業の内容や方法を改善することが重要だろうが、これもすでにコミュニケーション重視のカリキュラムへの転換が相当程度進んでいるようだ。

スピーキングに焦点を絞っていえば、安易なネイティヴスピーカー至上主義に走ることは危険だが、質のいい外国人教員を全国の中学・高校に必ず配置することができれば、英会話力向上にとって有効な方策とはなりうるだろう。またリソースの問題さえクリアされれば、高校三年間のどこかで英語圏への留学を義務付けるというのも、相応の成果が期待できそうな方法である。ほかにもまだ、日本人の総合的な英語力を向上させるために考えられる手段はいろいろありそうだ。

そうした数ある選択肢のひとつとしてであれば、民間試験を受けさせて高校生たちのモチベーションを上げるということも考えられるだろう。ただしそれはあくまでも、高校での教育成果を検証するための手段として活用するのが本筋である。

ところがこれまで見てきたことからもわかる通り、今回はかなり早い段階から「TOE

FL等の外部検定試験」を大学入試で活用することが前提とされてきた。そしてそれがいつのまにか手段から目的にすり替わり、個別入試だけでなく、共通テストの枠組みの中に取り込まれてきたという経緯がある。

こう書けばもうおわかりだと思うが、英語民間試験の問題は、第1章でとりあげた秋入学問題ときわめて似かよった構造をもっている。じっさい私はこの案件に多少深く関わるようになってから、ある種の既視感、デジャ・ヴュ感に何度か襲われた。

「秋季入学に移行すれば教育の国際化が進む」、「教育の国際化が進めばタフな東大生が育成できる」――こうした「十分条件の連鎖」で事を進めてきたところに、秋入学推進論の問題があった。「大学入試に英語民間試験を導入すれば高校の英語教育が変わる」、「高校の英語教育が変われば日本人の英語力が向上する」というのは、「こうすればこうなるはずだ」という希望的推論の繰り返しによって手段を目的化する論理であり、まさにこれと同じ思考パターンである。

本来は「日本人の英語力を向上させる」という最終目標から出発して、これを実現するには初等・中等教育における英語教育をどうすればいいかを考え、さらにその成果を適正に問うためには大学入学にあたってどのような試験を課すべきか、というように「必要条件の連鎖」でものごとを考えるべきである。

ところが、大学入試共通テストにおける民間試験の活用という特定の手段を最初に出発点に置いて議論が進んだために、他にもありえたであろう多様な手段の可能性がいつのまにか視界から消え、東京オリンピック以外には何の根拠もないと思われる二〇二〇年というデッドラインを設定してこれを実現することが自己目的化してしまった。ここでもまた、「目的から手段へ」ではなく「手段から目的へ」という逆転が生じたのである。

†「改革」という大義

秋入学問題と英語民間試験問題との相同性は、これだけではない。秋季入学への移行に異を唱えたら「東大の国際化に反対するのか」と批判されたというエピソードは第1章で紹介したが、これとまったく同様のことが英語問題についても見られてきた。

民間試験の導入に反対の意を表明すると、推進派の人たちからは判で押したように、「あなたは英語4技能の育成に反対するのか」とか、「スピーキング能力の重要性を否定するのか」という言葉が返ってくる。意識的か無意識的かは別として、手段にたいする異論を目的そのものにたいする否定とすり替えてしまうのだ。

こういった人たちは必ずと言っていいほど、「反対するなら代案を出せ」という反論を口にする。確かに自分からは何も提案しないで「あれもだめ、これもだめ」と言っているだけでは何も進展しないので、建設的な提案をすることは反対する側の義務ではあるだろう。

テクニカルな問題をさしあたり措いておくとすれば、文部科学省と大学入試センターが主導して独自のスピーキングテストを開発するのが本来のあり方だろうし、それがすぐに実現できないのであれば、個別試験で自前のスピーキングテストを実施する大学には相応の補助金を出して援助するなど、可能な代案がいろいろ見えてくるはずだ。

そして数ある代案の中には、当面は従来のセンター試験で十分なので何もしないという「ゼロの選択肢」も、当然含まれている。何もしないというと、いかにも後ろ向きの姿勢に聞こえるかもしれないが、誤った改革を推し進めて取り返しのつかない結果を招くくらいなら、正しい現状維持のほうがはるかにましということもある。

ところが「改革」という言葉は本来、「よくない現状をいい方向に変えていく」という意味であるから、たいていは無条件にポジティヴなことだと思われている。だから先述したように、民間試験の導入に異議を唱えると、英語教育改革そのものに反対する抵抗勢力とか、既得権にしがみつく反動的守旧派といったレッテルを貼られてしまうのだ。

じっさい私は、「大学の英語教員たちは訳読中心の古い授業方法を変えたくないから民間試験に反対しているのだろう」とか、「反対する人はただ現状を変えたくないだけなのだ、改革というのはとにかく実行に移すことが肝心なのだから、何か問題が出てきたら走りながら修正すればいい」といった言葉が推進派の人たちの口から出るのを、一度ならず耳にしたことがある。

「走りながら修正すればいい」というのは、改革派を自任する人たちの口からよく聞かされる決まり文句で、一見したところ正論のように思えるかもしれないが、こと入試に関しては話が別である。受験生の身になってみれば、一生に何度もあるわけではない、多くの場合は一度きりかもしれない貴重な機会なのだから、万が一混乱が生じれば、犠牲になるのはたまたま巡り合わせでその年に受けた受験生たちである。「精度の向上」などという大義のもとに、彼らを制度改善の実験台にするようなことが許されていいはずはない。

誤解を避けるために言っておくが、英語の民間試験それ自体に問題があるわけではない。各種の民間試験にはそれぞれの特徴があり、役割があり、これまでの実績もあるわけだから、使い方次第ではきわめて有用なものであると思う。高校でも大学でも、教育の手段として大いに活用すればいい。

まちがっているのは、これらの試験をそのまま一律に、五〇万人を対象とした大学入学共通テストに導入するという政策なのである。

けっきょくのところ、今回の最大の問題は、入試の現場や実情をよく知らないと思われる少数の人たちが、受験生の立場にたいする想像力を決定的に欠いたまま、自分の私的な体験や主観的な印象に基づいて作りあげた理想論を振りかざし、さまざまな課題を閑却して強引に事を進めてきたところにあると、私は思う。せっかく二〇二〇年度からの実施は見送りになったのだから、これを機に、理念と現実の致命的な乖離から生じた「思考の倒錯」を是正して、一日も早く議論を本来の筋道に戻さなければならない。そして安易な思いつきから生まれたこの施策自体を潔く断念し、ある程度の時間をかけてより適正な入試制度のあり方を探るべきである。

最後に付け加えておけば、私は英語民間試験問題に関わるようになって以来、「言うべき人が、言うべきことを、言うべきときに言う」ことがいかに大事かということを強く感じる機会が何度かあった。

今回の経緯には二つの主要な分岐点があったと述べたが、実際の分岐点はもっと数多くあったと思っている。「あの人が、あのことを、あのときに言っていれば」一連の混乱はここまで深刻な状況には至らなかったであろうし、その後の成り行きも大きく変わったであろうと感じたことは、一度や二度ではない。これはもちろん、言うべきことを言うべきときにすべて言ってきたわけではない自分自身への反省もこめての話である。

それにしても、重要な局面で「国の政策なのだから従うのが当然である」とか、「ここまで事態が進んでしまったのだから仕方がない」といった、ほとんど思考停止としか思えない言葉を口にする人々が学内外に少なからず存在することには、率直に言って驚かずにはいられなかった。入試制度改革をめぐる混迷がここまで尾を曳いてしまったのは、日本社会を透明な霧のように包んでいる「諦念」や「忖度」の空気がいつのまにか、大学という学問の府にまで浸透してしまったせいなのだろうか。

第4章

国語記述式問題

1　大学入試で問われるべきこと

†学力の三要素

英語民間試験と並んで、高大接続・大学入試改革のもうひとつの目玉として推進されてきたのが、共通テストにおける国語記述式試験の導入である。二〇一九年一一月一日の英語民間試験活用の延期発表をきっかけとして、こちらにも大きな問題があることがようやく広く認知されるようになった。

一一月六日には「大学入学共通テストから学生を守る会」の現役高校生四名が文部科学省を訪れ、四万二〇〇〇筆以上の署名を提出して記述式問題の中止を求めている。また、大学教授らが作る「入試改革を考える会」も、一一月七日付で「大学入学共通テストの2020年度からの実施延期と大学入試センター試験の継続を求める緊急声明」を公表した。そして一一月一四日には立憲民主党、国民民主党など野党四党が共通テストへの記述式問題導入を中止する法案を提出した。

こうした動きはその後も高まる一方で、この勢いでいけば、本書の刊行時にはおそらくすでに延期ないし中止の決定が下されているのではないかと思うが、いずれにしても混乱を長引かせてきた要因については客観的に検証しておく必要がある。

この施策を推進してきた政府周辺のおおまかな動きについては英語のケースとほとんど重複するので、詳しく述べることはしない。ここではまず、一連の流れの出発点となったと思われる「学力の三要素」という考え方について確認することから始めよう。

私の子ども時代には、基本的にできるだけ多くの知識を所有していることが学力評価の基準とされていた。だから小学校や中学校の現場でも、いわゆる「詰め込み教育」が主流をなしていた。

もちろん、思考力や表現力などの要素がまったく蔑《ないがし》ろにされていたわけではない。しかし、それこそ「いい大学を出ればいい会社に入れる」、「いい会社に入ればいい生活が送れる」という単線的な人生観と学歴偏重主義が教育現場に行き渡っていた当時の社会では、現実問題として厳しい受験戦争を勝ち抜くために、とにかく知識の量で競争相手を凌駕しなければならないという空気が支配的だった。今日ではさすがに死語となったようだが、「四当五落」（睡眠時間が四時間なら志望校に合格するが五時間眠ると落ちてしまう）などという言葉がまことしやかにささやかれていたことをなつかしく思い出す。

しかし、テストが終われば覚えたことをすべて忘れてしまう付け焼刃の学力（「剝落学力」と呼ばれる）しかもたらさない暗記本位の教育への反省から、一九七〇年代の終わりには学習指導要領の改訂作業がおこなわれ、一九八〇年からは学習内容や授業時間を削減して余裕をもたせる教育、いわゆる「ゆとり教育」が主流となる。

その後、一九八九年および九八年―九九年にも学習指導要領が改訂され、それぞれ一九九二年と二〇〇二年から施行された。特に後者の場合は、小学校の算数で円周率を3・14ではなく3で計算することになったという話が広まったため、行き過ぎた「ゆとり教育」への批判が高まったりもした（実際は手計算の場合のみ円周率を3として計算することを許容しただけであり、教えられる内容自体が変わったわけではなかったが）。

こうして「ゆとり世代」という言葉も生まれたりしたが、OECDが三年ごとに実施しているPISA（国際学習到達度調査：Programme for International Student Assessment）の二〇〇三年度と二〇〇六年度の結果において日本の成績の低下が問題となったことから、今度はむしろ学習内容や授業時間を増加させるべきとの意見が強まり、二〇〇八年の学習指導要領改訂によって「脱ゆとり教育」への転換が図られることとなった。

ただし文部科学省はこのとき「脱ゆとり教育」という言葉は使っておらず、「豊かな人間性」「健康・体力」「確かな学力」の三つを兼ね備えた「生きる力」を育成するための教育への転換であるとしていた。その根拠となっているのが、二〇〇七年に改正された学校教育法第三十条2項の規定である。

その条文は以下の通り。

生涯にわたり学習する基盤が培われるよう、基礎的な知識及び技能を習得させるとともに、これらを活用して課題を解決するために必要な思考力、判断力、表現力その他の能力をはぐくみ、主体的に学習に取り組む態度を養うことに、特に意を用いなければならない。

要約すれば、教育の目標は「一．基礎的な知識・技能」、「二．思考力・判断力・表現力その他の能力」、「三．主体的に学習に取り組む態度」の三点に整理されることになる。これがいわゆる「学力の三要素」と呼ばれるものである。

学校教育法の正式な条文としてこれを書き込むことで、「詰め込み教育」→「ゆとり教育」→「脱ゆとり教育」と揺れ動いてきた日本の教育の進むべき方向性を明確化し、三〇年にわたって続いてきた「詰め込みかゆとりか」という不毛な二元論から脱却することが、この改正の主たるねらいであったと思われる。

†主体性評価への疑問

学校教育法第三十条の規定は小学校を対象としたものだが、中学・高校にもこの原則は準用される。第3章で二度ばかり言及した二〇一四年一二月二二日付の「高大接続改革答申」では、「確かな学力」を構成する学力の三要素を「社会で自立して活動していくために必要な力」という観点から捉え直すとした上で、以下の三点に整理している。

(i) これからの時代に社会で生きていくために必要な、「主体性を持って多様な人々と協働して学ぶ態度(主体性・多様性・協働性)」を養うこと

(ii) その基盤となる「知識・技能を活用して、自ら課題を発見しその解決に向けて探究し、成果等を表現するために必要な思考力・判断力・表現力等の能力」を育むこと

（ⅲ）さらにその基礎となる「知識・技能」を習得させること

学校教育法とは順番が逆になっているが、これは「知識・技能」を前面に掲げることを避け、代わりに「態度」の重要性を強調しようという意図の表れであろう。

しかし（ⅱ）では「その基盤となる」、（ⅲ）では「さらにその基礎となる」という言い方がされていることから、実際は（ⅲ）→（ⅱ）→（ⅰ）の順番で教育の積み上げが構想されていたことがわかる。したがって逆順に並べ直してみれば、中等教育における学力の三要素は「一．基礎的な知識・技能」、「二．思考力・判断力・表現力等の能力」、「三．主体性・多様性・協働性」ということになる。

高大接続が問題になるときにしばしば参照されるのは、この順番で並べられた三項目であることが多いようだ。そのうち第一項についていえば、知識の偏重はしばしばよくないこととして槍玉にあげられるが、重箱の隅をつつくような「知識偏重」と本来あるべき「知識重視」は本質的に異なるので、ここでも基礎的な知識（および技能）の習得は依然として教育の根幹をなすものとされていることを確認しておきたい。

国語記述式問題は、特に第二項の「思考力・判断力・表現力等の能力」に関連してクローズアップされてくるわけだが、その前に、第三項の「主体性・多様性・協働性」という項目について少しコメントしておこう（ちなみに「多様性」はこの場合「多様な人々と協働して学ぶ態度」ということであり、「主体性」や「協働性」とちがって本人自身の属性を指しているわけではないから、他の二つと並列するのは用語法として適切でないと思うが、ここではそのまま用いておく）。

日本でも外国人居住者が増加し、異文化接触の機会が日常化してきた近年の状況に鑑みれば、確かに「主体性を持って多様な人々と協働して学ぶ態度」の重要性はこれから増大するにちがいない。その意味で、この理念が重視されること自体は理解できる。社会的立場や文化的背景を異にする人々と円滑なコミュニケーションを図る能力は、これからますます求められるようになるだろう。

だが、これを学力の三要素のひとつとして位置づけることにたいしては、率直に言って違和感を覚えずにはいられない。「態度」はあくまで「態度」であって、「学力」とは異質な概念だからである。

こんなことを思うのは、この項目が学力の三要素に含まれていることを根拠として、二〇二〇年度から実施される新しい大学入試においてはAO入試や推薦入試だけでなく、一般選抜においても「主体性評価」を取り入れることが文部科学省の方針として示されているからだ。「主体性」という、定義自体もあいまいなら可視化することも困難である要素を、いったいどのようにして客観的に評価しようというのだろうか。

すでにいくつかの大学はこれを入試成績に加味することを公表しているが、定員制限のある入学者選抜に利用する以上、なんらかの形で数値化しなければ合否判定の材料にすることはできない。しかし本来の学力とはどう見ても性格の異なるものを無理やり数値化しようとすれば、教育そのものを歪めてしまうおそれがある。

おそらく高校の現場では、生徒会活動やクラブ活動、ボランティア活動等々への参加経歴を主要な評価材料として用いることになるだろう。もちろんそうした活動に励むこと自体はけっして悪いことではないし、大いに奨励されてしかるべきだが、「主体性評価」で高い点数を得ることが目的化するとしたら、それはおよそ主体的な態度とは言えないばかりか、むしろ本来の趣旨に反するという矛盾が生じかねない。

また、中には集団活動が苦手で、ひとりで黙々と努力することではじめて能力を発揮できるタイプの生徒もいるはずだ。そんな不器用で目立たない生徒にも、その資質にふさわしい場や機会を与えて正当に評価するのが、本来の教育というものだろう。評価対象になりうる材料が何もないという理由でこの項目に低い点数をつけられてしまうと、本人はあたかも人間として価値が低いという烙印を押されたような気がするのではあるまいか。

先にも言及した中教審の「高大接続答申」には、「年齢、性別、国籍、文化、障害の有無、地域の違い、家庭環境等の多様な背景を持つ高校生一人ひとりが、高等学校までに積み上げてきた多様な経験や能力」を度外視すべきではないという趣旨の記述がある。まことにその通りだと思うが、この立派な謳い文句とは裏腹に、実際の施策は多様性を尊重するどころか、逆に「主体性を持って多様な人々と協働して学ぶ」ことのできる人間だけが望ましいかのような価値観を押し付け、高校生たちを画一化する方向に作用するおそれがあるように思えてならない。

「多様性」を標榜しながら多様性を排除する――こんなパラドクスを内包した政策が、果たして本来の趣旨に沿った正しい教育改革と言えるだろうか。

†「一点刻み」は悪か

以上のことを踏まえた上で、具体的な入試の話に移りたい。

「高大接続答申」は大学入試全般について「一般入試においては、一斉かつ画一的な条件で実施される試験で、あらかじめ設定された正答に関する知識の再生を一点刻みに問い、その結果の点数で選抜する評価から転換し切れていない」と批判した上で、さらに次のような説明を加えている。

大学入学者選抜については、前述のように、知識の記憶力などの測定しやすい一部の能力や、選抜の一時点で有している能力の評価に留まっていたり、丁寧な評価よりも学生確保が優先されるなど、高等学校教育で培ってきた力や、これからの大学教育で学ぶために必要な力を評価するものとなっていない。そうした背景には〔……〕18歳頃における一度限りの一斉受験という画一化された条件において、知識の再生を一点刻みで問う問題を用いた試験の点数による客観性の確保を過度に重視し、そうした点数のみに依拠した選抜を行うことが「公平」であるという、従来型の「公平性」の観念が社会に根付いていることがあると考えられる。

本筋とは直接関係ないが、ここで用いられている「知識の再生」という言い方は日本語としていかがなものだろうか。おそらく録音や録画を「再生する」といった意味、つまり記憶したことをそのまま再現するというニュアンスで使っているのだと思うが、この言葉は基本的に、一度死んだものが「よみがえること」、他動詞としては「再び生かすこと」「よみがえらせること」というポジティヴな意味で用いられるのがふつうである（一連の入試制度改革を推し進めてきた自民党の「教育再生実行会議」というのも当然そうした趣旨の名称であろうと思っていたが、もしかすると私の誤解で、これも昔の何かをそのまま再現するという意味なのだろうか）。以下ではあくまで「引用」としてこの表現をそのまま用いておくが、私自身の用語法ではないことを念のためにことわっておく。

それはそれとして、ここでは従来型の「公平性」の観念に基づいた「一点刻み」の試験による点数評価が繰り返し批判対象になっている。この基本的な姿勢が国語記述式問題の導入にもつながっていくわけだが、その前に、一点刻みは本当に悪いことなのか、という問いを提起しておきたい。

文部科学省は三大都市圏への学生集中を是正するため、二〇一六年度以降、大学の入学定員管理の厳格化を進めてきた。国立か私立かによって、また規模によって数字は若干異なるが、たとえば定員八〇〇〇人以上の私立大学の場合、二〇一八年度以降は入学者が定員の一・一倍を超えた学部については助成金が不交付となり、一九年度からは一・〇倍を超えた分の学生経費相当額を減額、逆に一定範囲で下回った場合には助成金を上乗せするという方針である。

さしあたり二〇一九年度は上乗せのみの実施となったが、いずれにしてもこの施策の影響で都市部の私立大学は合格者を絞るようになり、入試は軒並み難化した。国立大学でも定員超過分の学生納付金相当額を国庫に返納しなければならないので、お金で縛りをかけられているという事情は変わらない。しかも学部新設認可申請等にあたってはさらに厳しい数字が適用されるので、各大学が必死に入学者数を抑制するのは当然である。

となると、ボーダーラインを厳格に設定しなければ、とうてい指定倍率内に収めることなどできない。これは子供でもわかる理屈である。

つまり日本の入試がフランスのバカロレアのような資格試験ではない以上、一点刻みの評価はいわば必要悪なのであり、これを否定することは、選抜試験という制度とは原理的に相容れないことなのだ。求められるのは絶対評価ではなく、あくまでも相対評価であるから、どんなに指標を多様化したとしても、最終的にはどこかで線を引いて合否を決定せざるをえない。

もしこの仕組みに問題があるとすれば、それは点数評価それ自体ではなく、便宜上の選別装置にすぎない数字が独り歩きして、あたかも人間の価値そのものを測定する客観的基準であるかのように誤解されてしまうことだろう。

だから本気で点数至上主義からの脱却を目指すのであれば、大学の入学定員を大幅に弾力化しなければならないはずである。ところが前述した通り、事態は真逆の方向に進んでいる。同じ官庁の管轄事項であるにもかかわらず、一方で一点刻みの入試は良くないと言い、他方で入学定員を厳密に守れと言うのだから、これは根本的な矛盾としか言いようがない。

†センター試験は知識偏重か

しかしながら、あたかもこうした矛盾など存在しないかのように、「一点刻みからの脱却」というスローガンは高大接続改革の中心的理念として前面に押し出されてきた。そして、従来の大学入試センター試験はあらかじめ存在する「正解」を探すことに主眼を置いた一点刻みの試験であり、それゆえに受け身の学習態度を助長してきた、だから新しい共通テストでは「思考力・判断力・表現力等の能力」をきちんと評価できるよう、国語（および数学）に記述式問題を導入すべきであるという議論が、文部科学省の関連審議会等において基本的な路線を形作ってきたのである。

数学についてはいささか事情が異なるので、ここでは国語に話を限っておくが、果たしてこれまでの大学センター試験の問題は、本当に「知識の再生を一点刻みで問う」ものだったのだろうか。

確かに個々の設問には原則として唯一の正解が設定されており、解答はマークシート式であるから、採点結果が一点刻みになることは事実である。しかし問題内容そのものは、「知識の再生」を問うようなものではまったくない。というか、そもそも国語は（漢字の書き取りなどを別とすれば）暗記科目ではないのだから、いくら知識を詰め込んでみても正解に到達できるわけではない。

例として、二〇一九年度の問題を見てみよう。

第1問の現代文は、ロシア文学者で文芸評論家である沼野充義氏の「翻訳をめぐる七つの非実践的な断章」という文章からの出題である。全文を引用することはできないが、だいたいの流れとしては、冒頭で翻訳についての楽天的な考え──「翻訳なんて簡単さ、たいていのものは翻訳できる」──と悲観的な考え──「翻訳なんてものは原理的に不可能なのだ」――を対比的に提示した上で、それぞれについて具体例を挙げながら考察を進めていくという構成になっている。

問1は文中の言葉の漢字表記を問う問題であるから、確かに知識の有無を試すものだが、それ以外はすべて内容に関する理解度を試す問いなので、その場でよく考えないと答えることができない。

たとえば問2は、「まったく違った文化的背景の中で、まったく違った言語によって書かれた文学作品を、別の言語に訳して、それがまがりなりにも理解されるということじたい、よく考えてみると、何か奇跡のようなことではないのか」という文を受けて、「心の中のどこかで奇跡を信じているような楽天家でなければ、奇跡を目指すことなどできないだろう。〔……〕A翻訳家とはみなその意味では楽天家なのだ」とある箇所をとりあげ、傍線Aの説明として最も適当なものを次の五つの中から選ばせるという問題である。

①難しい文学作品を数多く翻訳することによって、いつかは誰でも優れた翻訳家になれると信じているということ。

②どんな言葉で書かれた文学作品であっても、たいていのものはたやすく翻訳できる

と信じているということ。

③どんなに翻訳が難しい文学作品でも、質を問わなければおおよそのところは翻訳できると信じているということ。

④言語や文化的背景がどんなに異なる文学作品でも、読者に何とか理解される翻訳が可能だと信じているということ。

⑤文学作品を原語で読んだとしても翻訳で読んだとしても、ほぼ同じ読書体験が可能だと信じているということ。

選択肢の①は本文にまったく書かれていない内容なので、すぐに排除される。②と③は冒頭で提示されていた「楽天的な考え」には合致しているので、どちらかを選んでしまう受験者がいるかもしれないが、傍線Aで用いられている「楽天的」という言葉は「翻訳できる」ことについてではなく、「理解される」ことについて言われているのであるから、これらも正解ではない。⑤は文中の前の箇所で少し触れられていることなので、若干迷う余地がないではないが、原語で読むのと翻訳で読むのは同じ体験ではないにもかかわらず、まがりなりにも理解されるのは奇跡のようなことであるというのが文章の趣旨なので、これも除外される。

というわけで、消去法で④を残すのはさほどむずかしいことではないのだが、そのためには以上に述べたような思考のプロセスをたどらなければならない。文章の趣旨を正確に読み取り、自分の頭でじっくり考えなければ、誤った選択肢を排除して正しく解答することはできないのである。その意味で、これは受験者の理解力と思考力を相当程度の精度で試すことのできる問いになっていると言える。

確かにある種の慣れやコツによって正答を選び出すことは可能だし、適当にマークしても偶然当たる確率は五分の一であるから、解答者が本当に熟考した上で正しい選択肢に到達したのかどうかはわからない。しかし少なくとも、ここで試されているのが「記憶した知識を再生（再現）する能力」でないことは明らかだろう。

†思考力・判断力・表現力

これはほんの一例であるが、一題だけでも自分で解いてみようとしてみさえすれば、センター試験の国語で試されているのがまさに、「学力の三要素」の第二項に含まれる「思考力」であることが実感できるはずだ。マークシート式か記述式かというのはあくまでも解答形式の問題であって、試験の内容そのものが思考力を問うているかどうかとは原則的に無関係である。

それだけではない。ここでは思考力と並列されている「判断力」もやはり試されている。というのも、先に見たケースもそうだが、国語の問題文はたいてい複数の選択肢の中から「最も適当なものを選べ」という言い方になっていて、けっして「正しいものを選べ」とは言っていないからだ。

つまり解答者は想定されている正解を発見することを求められているのではなく、並んでいる選択肢を比較考量しながら、相対的に見て適切なものがどれであるかを判断することを求められているのである。そして考えてみれば、こうした判断力こそが、社会生活を営んでいく中で最も必要とされる能力なのではないか。

「現代は正解のない時代である」とか、「正解はひとつではない」といったフレーズは、今や陳腐な決まり文句になっている。こうしたことをもっともらしく口にする人に限って、自分の主張だけが唯一の正解であると信じて疑わないという滑稽な自己矛盾を犯してしまいがちであるが、別に「正解のない時代」は最近突然始まったわけではないし、どんな問題にも昔から唯一の正解などあったためしはない。だから私たちは、常に自分の前にある複数の可能性の中からそのつど「最も適当なもの」を、すなわち「正解」というよりも「最適解」を選びながら生きていこうとする。

人間はそうした選択を繰り返しながら歴史を創ってきたのであり、その過程において、いくつかの重大な過ちを犯したこともある。第2章でも述べたように、人間はAIとちがって、常に最適解を選ぶわけではないからだ。

それどころか、最も適当な答えがどれであるかわかっていても、なぜか別の答えを選んでしまうことのほうが多いくらいである。学校選びしかり、会社選びしかり、配偶者選びしかり――しかしそれでも私たちは、仕事の上でも日常生活においても、与えられた可能性の中からその時点でいちばん適当と思われるものを判断しながら生きていくしかないのである。

こうしてみると、「学力の三要素」の第二項のうち、思考力と判断力は従来のセンター試験の国語でもじゅうぶん評価することができていたように思われる。残る「表現力」については確かにマークシート式の試験で判定することはできないが、その問題を考える前に、今回の入試改革で求められているのはどのような能力であったのかを確認しておこう。

第3章でも参照した文部科学省の「大学入学共通テスト実施方針」(二〇一七年七月一三

日）を見ると、「6．記述式問題の実施方法等」の国語の項目に「評価すべき能力・問題類型等」という見出しがあって、そこには「多様な文章や図表などをもとに、複数の情報を統合し構造化して考えをまとめたり、その過程や結果について、相手が正確に理解できるよう根拠に基づいて論述したりする思考力・判断力・表現力を評価する」と書かれている。どうやらこれが、国語記述式問題のめざす方向性らしい。

後半部分については特に抵抗はないと思うが、前半部分に関しては疑問を覚える人が少なくないのではなかろうか。国語という教科であるにもかかわらず、対象とされているのは「多様な文章や図表など」であり、要求されているのはそこから「複数の情報を統合し構造化」することだというのである。

確かに日常生活の中で私たちが目にする情報源は、文章だけとは限らない。それどころか、写真や画像、表やグラフなど、視覚的な媒体から得られる情報は言葉から得られるそれをはるかに圧倒するくらいだし、耳から入ってくる情報についても同様である。だから言葉以外の多様な素材を文章のように「テクスト」として読む能力はきわめて重要であり、これらを素材として用いること自体に異論はない。

むしろ気になるのは、「複数の情報を統合し構造化」するという部分である。私たちがふだん文章や図表から読み取っているのは、果たして「情報」だけなのだろうか。そして得られた情報を統合したり構造化したりすることが、果たして（文章であれ図表であれ）「テクストを読む」ことになるのだろうか。

この問いを検証するには、実際に想定されている試験問題がどのようなものであるかを見る必要がありそうだ。

2 記述式問題の本質

†モデル問題例とプレテスト

大学入学共通テストの国語については、まず二〇一七年五月に「大学入学共通テスト（仮称）記述式問題のモデル問題例」が公表された後、同年一一月に第一回のプレテスト、二〇一八年一一月に第二回のプレテストが実施されている。

最初に公表されたモデル問題例は二題で、一題目は「城見市街並み保存地区」の地図と、その景観を保護するために市が作成したガイドラインをイラスト入りで示したチラシを見た上で、この問題をめぐって交わされた「かおるさん」の家族同士の会話を読んで答えるものである。また、二題目は駐車場使用契約書を読んで、料金の値上げを通知された利用者の「サユリさん」が管理会社である「原パーク」と交渉するにあたっての対応について問うものである。

それから半年後に実施された第一回のプレテストは、実際の共通テストを念頭に置いたものなので、国語に関しては従来のセンター試験と同様のマークシート式問題に記述式問題を加えた形になっている。素材とされているのは、「青原高等学校」の生徒会部活動規約と、この規約に基づいて生徒会執行部の学生四名と教員一名が交わす会話、そして関連する図表等の資料三点であり、これら複数の材料を突き合わせながらいくつかの問いに答えることが求められている。まさに「多様な文章や図表などをもとに、複数の情報を統合し構造化」するという趣旨に沿った出題例ということなのだろう。

以上の三例については、紅野謙介氏が『国語教育の危機』（ちくま新書、二〇一八年）で問題全体を紹介しながら綿密な批判的分析をおこなっているので、詳細についてはそちらを参照していただきたい。

その上で確認しておくと、これら三つのケースで使われているのは従来の国語入試の定番であった小説や評論文ではなく、いずれも日常的な素材、ただし架空の行政機関や会社や学校をわざわざ設定して創作された文章や図表などである。そのこと自体が絶対にいけないとは思わないし、問題作成者の労力と工夫には素直に頭が下がるが、しかしこの種の問題で本当に受験者の「思考力・判断力・表現力」を評価することができるのだろうかという疑念はぬぐえない。

確かに、私たちがふだん目にするのは、作成者の名前がいちいち記されているわけではない居住地域の広報文書であったり保険会社のパンフレットであったり、製品の取扱説明書であったり学校から配布される通知であったりすることが多い。作家や評論家や編集者など、文学に関わることをなりわいとする人たちは別として、あるいはよほどの読書家は別として、本格的な小説や評論を日常的に読む人はごく少数だろう。その意味で、生活に密着した文章や資料を国語の素材として用いること自体はまちがっていないと思う。

だが、そうした文書や図表などの資料に書かれていることを正確に理解する能力は、果たして「思考力・判断力・表現力」なのだろうか。すでに各所で指摘されているように、それはむしろ、「情報把握・整理能力」と言ったほうが適切なのではないか。

誤解を避けるために付け加えておくが、私は前者のほうが後者よりも重要であるとか高級であるとか言いたいわけではない。むしろ多くの人間にとっては、生活の中で接する機会の多い文章や図表などに含まれている情報を正確に読み解く能力のほうが、よほど大事かもしれないと思う。

じっさい、大学の会議等での経験を振り返ってみても、種々の資料が意味するところを正確に理解できない人は少なくないし、ましてや意の通じる日本語で文書を作成したり説明したりすることのできない人は意外なほど多い。ただしそれはけっして高度な思考力や表現力の問題ではなく、もっと基本的な「国語力」の問題である。

だとすれば、そうした能力を無理やり「学力の三要素」に結びつけて、わざわざ「思考力・判断力・表現力を評価する」などと言う必要はないのではないか。そうではなく、これから導入される大学入学共通テストの国語では「情報把握・整理能力」を評価するのだと言ってしまえば、そのほうがよほどすっきりする。そしてその限りにおいて、ここまで見てきた試行問題はどれもきちんと趣旨に沿っているし、よく工夫が凝らされているとも思う。

つまりこれらの問題例では、「評価すべき能力」と「実際に試される能力」とのあいだに齟齬があるように思えるのだ。それとも、もしかすると言葉の定義自体が異なっていて、現代社会においては情報把握・整理能力こそが真の思考力・判断力・表現力にほかならないというのが、文部科学省の考えなのだろうか。

ちなみに第一回のプレテストの結果は二〇一八年三月二六日に発表されたが、完全正答率は問1が四三・七%、問2が七三・五%とかなり高かったものの、問3（生徒の一人の発言に空欄を設け、そこにあてはまる文章をいくつかの細かい条件をつけて八十字以上百二十字以内で書かせる問題）についてはわずか〇・七%で、部分的に正答と認められるものを入れても一一・九%、八割以上の受験者は得点ゼロであった。これではとうてい試験として機能しないという結果が得られたことになる。

†第二回のプレテスト

続いて、第二回のプレテストに目を移してみよう。

第1問の記述式問題で用いられているのは「指差し」について述べた評論文二編からの抜粋で、ひとつは鈴木光太郎氏の『ヒトの心はどう進化したのか――狩猟採集生活が生んだもの』（文章Ⅰ）、もうひとつは正高信男氏の『子どもはことばをからだで覚える　メロディから意味の世界へ』（文章Ⅱ）である。今度は架空の文書や図表ではなく、著者名が明記された文章がとりあげられていることがまず注目される（マークシート式で解答する第2問では著作権に関するポスターや資料が素材とされているので、これとバランスをとったのかもしれない）。

設問は全部で三つ。

問1は文章Ⅰにある「指差しが魔法のような力を発揮する」という一句を三十字以内で説明するもので、ごくふつうの設問である。

問2は少し工夫がされていて、「ヒトはどのように言語を習得していくのか」という問題について考えた「まことさん」が、文章Ⅰと文章Ⅱを関連づけながら子どもが「初期の指差し」によって言語を習得しようとする一般的な過程を整理した図式を示した上で、その中の空欄にあてはまる文を四十字以内で記述するものである。

問3はさらに複雑で、まず川添愛氏の『自動人形《オートマトン》の城　人工知能の意図理解をめぐる物語』からの抜粋が追加資料として示される。そしてこの資料から「指さされたものが、話し手が示したいものと同一視できないケース」があることを知ったまことさんが、話し手が地図上の地点を指さす行為も同様であることに気付いたという前提が与えられ、その上で、なぜ「同一視できないケース」でも「話し手が示したいもの」を理解できるのかについてまことさんが考えたことを、文章Ⅰと文章Ⅱを踏まえながらまとめるという問題である。

共通の主題を扱った複数の素材を集めてうまく組み合わせたセンスと努力には感心させられるが、問題自体の内容を精査するには相当の紙数が必要なので、ここではむしろ採点方法のほうに注目してみたい。

問3の解答にあたっては、次のような四つの細かい指示が与えられている。

(1)二つの文に分けて、全体を八十字以上、百二十字以内で書くこと（句読点を含む）。
(2)一文目は、「話し手が地図上の地点を指さす」行為が「指さされたものが、話し手が示したいものと同一視できないケース」であることを、【資料】に示されたメニューの例に当てはめて書くこと。
(3)二文目は、聞き手が「話し手が示したいもの」を理解できる理由について書くこと。ただし、話し手と聞き手が地図の読み方について共通の理解をもっているという前提は書かなくてよい。

(4)二文目は、「それが理解できるのは」で書き始め、「からである。」という文末で結ぶこと。

そしてこれらに基づいて、五項目の「正答の条件」が示されている。

①80字以上、120字以内で書かれていること。
②二つの文に分けて書かれていて、二文目が、「それが理解できるのは」で書き始められ、「からである。」で結ばれていること。
ただし、二文目が「理解ができるからである。」で結ばれているものは正答の条件②を満たしていないこととなる。
③一文目に、話し手が地図上の地点を示しているということが書かれていること。
④一文目に、話し手が指示しようとする対象が実際の場所だということが書かれていること。
⑤二文目に、次のいずれかが書かれていること。
なお、両方書かれていてもよい。

・指差した人間の視点に立つということ。
・指差した人間と同一のイメージを共有できるということ。

採点は、答案がこれらの各項目について該当しているかどうかをチェックし、その度合いと組み合わせによってaからdまでの四段階で評価される仕組みである。ちなみに大学入試センターは正答の条件をすべて満たしているa評価の解答として、「話し手が地図上の地点を指さすことで、指示されているのは地図そのものではなく、地図が表している場所であることが聞き手には理解できる。それが理解できるのは、他者の視点に立つ能力があるからである（95字）」など、三つの例を示している。

†条件付記述式問題の功罪

これは一見したところずいぶん綿密に設計された出題方法と採点システムのようだが、よく考えてみると、かなり問題があるように思われる。

第一の疑問は、解答にあたってこのようにいくつもの条件を課すことが、果たして本来の記述式問題のあり方として適切なのかということである。

条件付記述式というのはよく見かける問題形式であり、多くの試験でもごくふつうに用いられている。特に字数制限については、採点のしやすさということ以外に、一定の長さで解答をまとめる能力を見るという意味でも、設定されているほうが一般的だろう。

だが、先の問3にはそれ以外にも形式面・内容面での条件がいろいろ与えられている。自由記述にすると解答が多様になりすぎ、統一的な採点基準を設けることが困難になることが予想されるので、大量の答案を多くの採点者で均一に処理できるようにするための措置であろうが、それにしても指示の細かさは異様なほどで、これほど多くの条件が付された記述式問題にはなかなかお目にかからない。

解答する立場に立ってみると、条件文を一読して理解するだけでも結構な時間を要するので、かなり煩わしい縛りである。しかしながら、じつは縛りがきつければきついほど、逆に解答は作成しやすくなる。全体を二つの文に分けた上で、第一文と第二文で書くべき内容を指示に従って整理して盛り込み、さらに第二文の書き出しと結びを指示通りにしておきさえすれば、だいたいの形はさほどの苦労なしに整えることができるからだ。

つまりいくつもの条件が明示されているからこそ、正答とされる解答に近づけることが容易になるというのが、条件付記述式問題の特徴である。受験者にしてみれば、第一文と第二文にあてはまる内容を考えて適切な字数で埋めることを考えればいいわけだから、いわば大きな穴埋め問題を解くようなものだし、採点する側も答案が正答条件に適合しているかどうかを順次チェックすればいいので、さほどの負担もなく作業を進められる上に、他の採点者とのズレも最小限に抑えられる。

しかし付された条件が過剰になると、逆にマイナスの効果が生じる危険がある。

受験生はふつう、少しでも高い評価を得たいと思うので、提示された条件群からうかがえる出題者の意図を推測し、想定される模範解答にできるだけ近い答案を作成しようとするのが自然な反応だろう。与えられた指示を忠実に守り、あらかじめ決められた内容を決められた位置にはめこみ、期待される「正答」に寄り添った文章を書く——あまり思い浮かべたくない図ではあるが、結果としては似たような答案が大量に生産されることが容易に想像できる。

確かに採点はしやすくなるだろうが、その一方で、個々の解答者が問いにたいしてどのようなことを考え、どのような判断をおこない、その結果を自分の言葉でどのように表現したかは、ほとんど見えなくなってしまう。これでは本当に「思考力・判断力・表現力」を評価することにはなりえない。

情報を整理して要領よく「型にはめる」能力を試すようなテストは、逆に受験生たちの思考を画一化し、批判精神を摘み取り、出題者の考えていることを（言葉は悪いが）「忖度」する方向に誘導してしまう。そして小手先の解答テクニックの習得に走らせ、けっきょくは主体的な思考力や判断力や表現力を伸ばすという本来の趣旨とは正反対の結果をもたらすおそれさえある。

もちろん、記述式試験によって測定できるのは（そして測定すべきなのは）あくまでも論理的な思考力や明快な表現力であって、受験者の「独創性」や「創造性」ではない。しかしそうだとしても、一定量の文章を書くという行為にはやはり書き手の個性が反映されるものである。

だから全体をいくつの文に分けて答案を構成するかはもちろんのこと、書き出しをどうするか、つなぎの言葉は何を用いるか、どのような形で最後を締めくくるか、といったことをすべて自分で考えて書かせるのでなければ、本当の記述式試験とは言えない。採点作業の合理化という実際的な要請と引き換えに、個人の自由な発想や感性を抑圧したり萎縮させたりしてしまったら、文字通り本末転倒としか言いようがなく、何のための記述式試験かわからないと思うのだが。

†評価方法の欠陥

第二回プレテストの問3から抽出されるもうひとつの問題点は、純粋に採点方法に関わることである。この点に関しては、雑誌「科学」（岩波書店）の二〇一九年一〇月号で南風原朝和氏がテスト理論の専門家という見地から明快な分析をおこなっているので、詳細はそちらを参照していただきたい。ここではあくまでも素人の立場から気がついたことを簡単に述べておく。

正答条件を示す先の表（195－196頁）をもう一度見ていただきたい。

これによると、条件②〜⑤を満たしている解答にたいしては、①を満たしていなくてもb評価が与えられることになっている。①は字数制限であるから、②〜⑤さえ満たしていれば八十字に満たなくても百二十字を超えても、あるいは極端な話、二百字書いても三百字書いてもbである。

また、①と③〜⑤を満たしていれば、②を満たしていなくても同じくb評価が与えられることになっているが、それだと全体が三つの文でも四つの文でも（あるいはもっと多くても）いいことになるし、書き始めも結びもまったく自由になってしまう。

おそらく①と②は形式面に関わることなので、③~⑤のように内容面に関わることよりも重要度が低いという判断に基づくものであろうが、それはあまりにも単純すぎる考えではなかろうか。

これほどはっきり示されている条件を守れないというのは、問題指示文がまったく理解できていないということであり、そもそも基本的な読解力が欠如している証拠である。通常の試験であれば、どちらも零点とするのが常識だろう。「形式は二の次で内容が大事」というのは私たちがしばしば陥りがちな考え方であるが、「内容は形式に宿る」のであって、この採点基準設定には首をかしげざるをえない。

こうした構造上の問題は、国語という教科全体の評価方法についてもそのまま反映されている。二回目のプレテストの第1問は三つの問いから成っていたが、第1問全体の評価は各問いの評価を組み合わせた図表7に従っておこなわれるという。

問1・問2の評価（順不同）	問3の評価			
	a	b	c	d
a, a	A	A	B	C
a, b	A	B	B	C
a, c	A	B	C	D
b, b	A	B	C	D
a, d	B	C	C	D
b, c	B	C	C	D
b, d	B	C	D	E
c, c	B	C	D	E
c, d	C	D	D	E
d, d	C	D	E	E

図表7：国語記述式問題の評価方法

これ自体が共通テスト国語問題の材料として使えそうな手の込んだ図表だが、要は設問の難易度という観点から、問1・問2と問3の重みに差をつけて組み合わせたものである。さきほど見たように、問3のb評価は①または②の条件を守らなくても得られるので、最上段にある通り、問1・問2がいずれもaであれば全体としてはA評価がつけられることになる。そうすると、すべてがaのケースと差がつかない。解答条件に違反した、本来ならば零点でも仕方のない答案が含まれていても、結果的には最高の評価が得られるのである。

このように面倒な換算表を作成してまで段階別評価にこだわったのは、CEFRを利用した英語民間試験のケースと同様、例の「一点刻みからの脱却」という謳い文句が前提とされていたからであろう。確かに記述式の答案を一点刻みで採点することは至難の業であり、それほど意味のあることであるとも思えない。しかし先述したように、選抜試験ではどこかに合否ラインを設定しなければならないのだから、どんな採点方法であっても最終的には数値化せざるをえないのである。

だから図表7を合否判定に利用しようと思えば、A＝四〇点、B＝三〇点……という具合に換算して国語全体の成績に加算するしかないのだが、先のケースのように、小文字で示された判定結果に有意な差があっても大文字で示された最終結果は同じであったりするので、換算後に得られる点数の信頼度はかなり低い。また場合によっては、小文字の評価ではさほど大きくない差がちょうど図表の境界線にあって、結果的には大文字評価の差として増幅されてしまうおそれもある。

受験者の立場からすれば、こんなにおおざっぱな基準で合否に関わる点数をつけられたのではたまったものではあるまい。

†記述式問題の採点とは

ここまで見てきたことだけでもすでに大きな懸念材料であるが、実際の採点作業のことを考えると、さらに深刻な不安が浮かんでくる。

念のためにことわっておくが、私は記述式試験自体の意義を疑うものではない。むしろ国語に限らず、あらゆる試験は記述式であるのが理想であるとさえ思っている。

ただしそれが有効な学力判定手段として機能するためには、答案数が一定の範囲に限定されていることが絶対条件である。というのも、受験者の「思考力・判断力・表現力」を緻密かつ公正に判定しようと思ったら、多かれ少なかれ経験を積んで熟練した採点者が、少なからぬ時間と労力をかけて、一枚一枚の答案と丁寧に向き合わなければならないからだ。一定期間内に採点可能な枚数はおのずと限られてくる。

大学入学共通テストの受験者は、基本的に現行の大学入試センター試験と同じと考えられるから、およそ五〇万人規模である。誰が考えても、これだけの数の記述式答案を精密かつ公正に採点することなどできるはずがない。逆に、もしそのような採点が可能であるとすれば、それは本質的に記述式問題ではない。

目下の方針では民間業者に採点を委託するというのだが、仮にそれで作業ができたとしても（私は無理だと思うが）、国を挙げて実施する共通テストの最も重要な仕事を民間に丸投げするという姿勢は、まさに英語民間試験のケースと同じ無責任体質を露呈するものであり、とうてい首肯しがたい話である。

それればかりか、民間業者だけでもキャパシティが不足しそうなので、文部科学省はおよそ一万人の採点者を確保するために、学生アルバイトを動員することも認める方針であるという。大学入試の根幹に関わる業務に学生を関与させることなどむろん論外だが、たとえ学生を使わなかったとしても、そもそも記述式試験の採点を人海戦術で処理しようという考え方自体がまちがっている。

しかも、採点作業を短期間で終えなければならないという実務的な理由で、業務の委託先にはあらかじめ試験問題が渡され、民間業者が正答例や採点基準の作成に関与する予定であることも明らかになった。センター試験にしても個別試験にしても、入試問題の厳密な管理に細心の注意を払ってきた大学関係者にしてみれば、開いた口がふさがらないような話である。いくら守秘義務を課したとしても、それこそ人間は「いけないとわかっていながら過ちを犯してしまう」生き物なのだから、問題漏洩のリスクはまぬがれず、常識では考えられない方針というほかない。

そもそも記述式に関しては、ごく少数の採点者どうしであっても、評価にズレが出ることはまぬがれない。いくら厳密な採点基準を作ってあらかじめ共有しても、必ずズレは生じる。作業の過程で基準そのものが変わっていくこともまれではない。受験者自身による自己採点についてはなおのことで、第二回のプレテストでは実際の評価との不一致率が約三〇%にものぼったというが、当然であろう。これでは志望校を決める参考になるどころか、いたずらに不安をあおるだけである。

それならばいっそＡＩに採点させればいいではないか、チェックすべきポイントは決まっているのだから、そのほうが時間も労力も節約できるし、人間が採点するよりよほど公平ではないかと主張する人もいる。

それだけではない。最初からAIに採点させることを考えて問題を作ればいいとか、さらにはAIに採点できる答案を書けるような国語教育をおこなえばいいとか、そんなことを本気で口にしてはばからない大学人もいるのである。本末転倒のきわみであり、心底、寒気を覚えざるをえない。チャップリンの『モダン・タイムス』ではないが、人間と科学技術の関係を倒錯させる疎外の構図が、二一世紀日本の大学入試を場としてふたたびよみがえろうとしているのだろうか。

おそらくは大学入試で記述式試験の採点業務など一度も担当したことのない、決定的に現場感覚を欠いた人たちが、二〇二〇年度からの実施ありきで性急に事を進めようとするから、こうした一連の不見識きわまりない施策が次々に出てくるのだろう。採点体制について深刻な問題が発生するであろうことは、はじめからじゅうぶん予測のついたことであり、早くから警告を発していた人たちも少なくない。にもかかわらずこのような事態にまで至ってしまった責任は、いったい誰がとるのだろうか。

3　言葉にたいする敬意

†個別試験に記述式を

このように、プレテスト関連の資料を見ながらあれこれ考えていると、大学入学共通テストの国語に記述式問題を導入することは「労多くして功少なし」の典型であり、ほとんど荒唐無稽な施策（はっきり言えば愚策）としか思えなくなってくる。

朝日新聞社と河合塾が全国の大学・高校を対象に二〇一九年の六月から七月にかけて実施したアンケート調査の結果（朝日新聞一〇月六日付朝刊）によれば、国語記述式問題については「全学的に利用する」と回答した大学が四五・五％であったが、「一部の学部・学科で利用する」が四・二％、「利用しない」が七・三％、「検討中」が四〇・七％でほぼ半々に割れており、私立大学については半数以上が「検討中」と回答している。そして課題として挙げられた項目のうち、「生徒の自己採点と実際の採点に差が生じる」については大学の八割以上、高校の九割以上が「とてもそう思う」「そう思う」と答えている。

記述式問題を利用するとしている場合でも、東北大学は段階別評価を点数化して合否判定に用いることはせず、合否ラインに志願者が同点で並んだ場合のみ，記述式問題の成績評価が高い志願者を優先的に合格させるという原則を早々と発表している。しかしこれはむしろ例外であって、多くの大学は点数化して合否判定に利用する方針のようだ。

英語民間試験とちがって、国語記述式問題は他のマークシート問題と同じ冊子・同じ時間枠で一体的に実施されるので、もしこのまま導入された場合、受験者にしてみればこの部分だけ解答しないというわけにはいかない。だから大学側も「利用しない」と言い切ることは実質的にむずかしいわけで、まことに迷惑な話である。

東京大学は、記述式問題の結果を入学者選抜に利用するということだけとりあえず発表し、具体的な方法については第二回プレテストの結果等を踏まえてあらためて検討した上で決定するとしていたが、文科省が記述式問題の成績を二段階選抜の対象から外す（つまり二次試験のための「足切り」に用いない）という方針を固めたという話もあって、それが事実であれば、たとえこのまま実施されたとしてもさしあたり面倒を避けられることになる。しかし受験生は東大だけを受けるとは限らないのだから、自分のところだけ助かればよしとするのではなく、英語民間試験とあわせてこちらについても率先して延期、いや、撤回を求めるのがリーディング大学としての見識というものだろう。

それにしてもいったい何のために、これだけの予算と労力をかけて共通テストの国語に記述式試験を取り入れなければならないのか。一部の推進者たちの面子を立てるということ以外に、何か合理的な理由があるのだろうか。

記述式問題を導入すればこれまでの暗記本位の受験勉強では通用しなくなる、そうすると高校の教育が大きく変わり、若い世代の思考力や判断力や表現力が涵養されるというのが推進者たちのロジックであると思われるが、これは第1章や第3章で見てきた「十分条件の連鎖」の典型であり、ほとんど無根拠な思い込みにすぎない。そして前にも述べた通り、そもそも国語は「知識の再生」を求める暗記科目ではないのだから、施策の方向が完全にまちがっている。

本来は(定義の問題は別として)「思考力・判断力・表現力の育成」という最終目標を出発点として逆方向に「必要条件の連鎖」をたどるべきであるのに、最初から記述式の導入が着地点として設定され、「こうなればこうなる」という論理が単線的に連ねられていく。そしてこの方針に疑義を呈すると、「あなたは思考力・判断力・表現力の育成に反対するのか」と言って批判される——まさに「目的と手段の逆転」に起因する構造がここでも反復されているのである。

では具体的にどうすればいいというのか、反対するなら代案を出せ、というお決まりの反論がここでも出てくるかもしれない。それにたいしては、すでに日本経済新聞の二〇一七年二月六日付朝刊に寄せた「大学入試の記述式問題　個別試験で義務化を」という拙文で次のように提案しておいた。

まず、マークシート式のみで実施されている現行のセンター試験でも、思考力や判断力を的確に評価することができると、私は考えている。設問や解答方法を工夫して試験としての精度を上げる努力は不断に継続されなければならないが、これまでの経験の蓄積からして、それはじゅうぶんに可能であると思われる。

いっぽう「表現力」については、確かにマークシート式の解答で問うことはできないので、記述式問題を用いることが有効であろう。ただし右に述べてきた通り、五〇万人規模の試験で精密かつ公正な採点をおこなうことは明らかに不可能であるから、共通テストへの導入は潔く断念し、各大学が個別試験の枠組みで自主的に問題を作成するのが最も現実的で妥当な解決策である。実際にそうした入試を実施している大学も多いと思うが、もし国語について記号式・選択式の試験しかおこなっていない大学があれば、記述式問題の導入を半ば義務化してもかまわないのではないか。

ちなみに先に触れた朝日新聞社と河合塾のアンケート調査では、記述式の力を「個別試験で課せばよい」という選択肢について「とてもそう思う」と「そう思う」が大学では四八・九％、高校では九三・八％と、かなりはっきりした差が見られた。大学側の回答が半数を割っている原因は、おそらく出題・採点にかかる負担の大幅な増加にたいする懸念であろう。

しかしながら、入学者選抜は大学の理念やアイデンティティに関わる最重要業務である。高校の九割以上が個別試験での記述式実施を肯定的にとらえているのであれば、大学側もそれぞれのアドミッション・ポリシーに沿って適切な問題を作成し、一枚一枚の答案を熟読して丁寧に採点することに相応の時間とエネルギーを投入するのは、当然の責務ではあるまいか。

†論理国語と文学国語

最後に関連する話題として、昨今世を騒がせている「論理国語」と「文学国語」の問題にも簡単に触れておきたい。

二〇一八年度に告示された新学習指導要領（適用は二〇二二年度から）では、高等学校の国語に、選択科目として「論理国語」「文学国語」「国語表現」「古典探究」の四つが設けられることになっている。これらはあくまでも選択科目であるから（ちなみに必修科目は「現代の国語」と「言語文化」）、履修するかしないかは高校および生徒の判断によって自由に決められるが、このうち特にはじめの二つが対比的にとりあげられ、「実学重視・文学軽視」という批判が湧きおこった。

そのきっかけとなったのは、「文藝春秋」の二〇一八年一一月号に文芸評論家の伊藤氏貴氏が寄稿した「高校国語から「文学」が消える」というコラムである。

「論理国語」には文学はもちろん、文学評論を入れてはいけないというお達しで、入試改革のことを考えると、ほとんどの高校が「論理国語」を選択するだろう。中島敦『山月記』や漱石『こころ』のような、日本人なら誰でも読んだことがある文学作品が、契約書やグラフの読み取りに取って代わられる。

引用の最後に「契約書やグラフの読み取り」とあることに注意したい。これは私たちが本章で検討してきた記述式問題の試行例、そしてその背後にある「多様な文章や図表などをもとに、複数の情報を統合し構造化」するという文科省の方針を念頭に置いたものであろう。

この問題については二〇一九年中に「すばる」や「文學界」のような文芸誌、さらには「中央公論」のような総合誌もこぞって特集を組み、作家や評論家の発言も相次いでいる。

また、日本近代文学会など一六の日本文学関連学会は二〇一九年八月一〇日付で声明を出し、次のように抗議の意を表明している。

> 「論理」「実用」と「文学」とを対立概念として捉えることは元来不可能である。また、個々の教材を「文学的」であるか否かによって区分することもまた不可能である。日本語の歴史とともに歩んできた「文学」は、人間の存在意義や尊厳と関わる人文科学、社会科学全般と密接に関わっている。「文学」を狭義の言語芸術に限定し、囲い込んでしまうことによって、言葉によって新たな世界観を切り開いていく「人文知」が、今後の中・高等教育において軽視され、衰退しかねない危惧がある。

ここに見られる「人文知」という言葉は、まさに私たちが第2章で論じてきた内容と呼応するものである。

これらの反応からもわかる通り、新学習指導要領の方針は、「文系学部廃止問題」のきっかけとなった文科大臣通知と根を同じくするものと受けとめられている。確かに高校の教育現場から文学を排除して、実用的な文章や図表の読み取りに特化させるというのが本当に改訂のねらいなのだとすれば、そう解釈されても仕方があるまい。

しかしそのような指摘をしてみたところで、以前と同様、「それは誤解だ、文学を軽視するつもりはまったくない」という答えが返ってくるだけだろう。

想像するに、これまでの国語教育はあまりにも文学鑑賞に偏ってきた、しかし私たちが実際に必要としているのは、小説の登場人物の心情を推察したり詩歌の情緒を味わったりすることではなく、もっと身近な文章を読んでその趣旨を正確に把握したり、図表などから得られる情報をわかりやすく整理したりする能力である、だからこれからはそうした教材を国語教科書にもっと取り入れて、実生活に役立つ論理的な国語力を養わなければならない――そのように考えた結果が、指導要領の改訂につながったものと思われる。

これはまさに「教養英語から実用英語へ」という流れと軌を一にした動きであり、今は世の中全体がこうした空気に包まれている。そしてたぶん指導要領の改訂作業にあたった当事者たち自身も、本当に文学や人文学を軽視したり排除したりするつもりはなく、社会の現状をもっと反映した国語教育への転換を図ろうとしただけなのだろう。

ただ、たとえ「善意」から出た施策であったとしても、この考え方には本質的に「敬意」が欠けているのではないか。言葉にたいする敬意、言葉を使って脈々と受け継がれてきた文学の営みにたいする敬意、そして人間の思考や感情に深く思いを致し、これに言葉を与えることで私たちの脆弱で卑小な存在にささやかな居場所を作ろうとしてきた、さまざまな人文学の試みにたいする敬意が——。

日本文学関連学会の共同声明にもあったように、「論理（あるいは実用）」と「文学」は本来、対立概念ではない。言葉を用いて書かれたものである限り、小説であれ、詩であれ、評論であれ、あるいは契約書であれ、パンフレットであれ、法律の条文であれ、読まれることを待っている「テクスト」であることに変わりはないからだ。

じっさい、私たちは小説の一節から過去の事実を知ることもできるし、パンフレットのキャッチコピーを見て詩的感興を覚えることもできる。小説は「文学的に」読まなければならず、パンフレットは「論理的に」読まなければならないなどという決まりはないのであって、あらゆるテクストは先入観抜きで自由に読めばいいのである。

要するに、「論理国語」と「文学国語」という区別などする必要はない。あるのはただ「国語」だけである。英語に実用英語も教養英語もないのと同じことだ。重要なのは言葉にたいして心からの敬意を抱くこと、その一点に尽きる。そうすれば、この種の二元論がいかに無意味であるかがわかるだろう。

国語記述式問題はこのように、教育のあり方だけでなく、人間の本質そのものに関わるさまざまな論点を内包している。世間では出題方法や採点体制など、とかく技術的・実際的な側面ばかりがクローズアップされがちだが、私たちはこれが日本の将来に関わる最重要問題のひとつであるという認識を共有しながら、さらに議論を深めていかなければならない。

終 章

大学の使命

†言論の大衆化

昨今の世の中では「道理にはずれたこと」があちらこちらで横行しているという、漠然とした印象から本書は出発した。そして入試制度や教育制度をめぐる四つの事例をとりあげて、大学という場もその例外ではないということを具体的に検証してきた。

もちろん、何を「正しいこと」であると考えるかは立場によってさまざまであろうし、ある時点で正しいと思えたことでも、時間がたってみればそうでないことが明らかになることはいくらでもある。だからその定義を一概に決めることはできない。視点を変えてみれば、無理を通しているように見える側にもそれなりの言い分はあるはずだ。当然ながら、正義はひとつではないのだから。

とはいえ、すべての価値が相対化されてしまえばそもそも「法」や「倫理」が成り立たないので、共同体が一定の秩序を維持するためには、たとえ決定的なものではないにしても、正義と不正義を腑分けするなんらかの基準が必要である。それがなければ、私たちの社会はよりどころを失って、直ちに崩壊してしまうにちがいない。

法制度の問題はさておき、言論のレベルで考えるならば、かつては新聞や雑誌などが、として流布させる公共の媒体（文字通りのマスメディア）として一定程度機能していたように思われる。ところがインターネットの普及によって、言論の主要な場が新聞雑誌等の紙面からパソコンやスマートフォンの画面に移行したのを境目に、事態は大きく変化した。

この移行によって引き起こされた最大の変化は何か？

それはまちがいなく、意見の発信者が、顔の見える一部の評論家や有識者から、顔の見えない匿名の一般人にまで拡大したということだろう。言論は特権的な立場にある有名人の専有物ではなく、誰もが容易に利用することのできる手軽な表現ツールとなった。良くも悪くも、言論の大衆化が急速に進行したのである。

何か耳目を集める事件があれば、新聞に解説記事が載ったり雑誌に評論が掲載されたりするのを待つまでもなく、長短とりまぜて膨大なコメントが——無根拠な流言蜚語《ひご》や無責任な誹謗中傷も含めて——即座にネット空間を駆け巡る。そしてそれらのコメントにたいする二次的・三次的なメタ・コメントが、それこそ押し寄せる波のように湧き上がっては、またたくまに消費されていく。それがいわゆる「炎上」にいたることもまれではない。

誰もが発言主体になりうること自体は、基本的に歓迎すべきことだろう。また、ネット上に見られる意見の中には傾聴に値するものも数多く含まれている。

しかし反応が即時的でなければほとんど意味がないこの世界では、迅速に発信しないとメッセージの鮮度が落ちてしまうので、どうしても細部まで注意の行き届いた文章を練り上げることはむずかしくなる。しかもツイッターのようなツールでは一回に書き込める字数が限られているため、綴られる文言はいきおい断片的になりがちだ。

その結果、大半のネット言説は思考停止に近い全面的共感、もしくは脊髄反射的な無条件の反感のいずれかに収斂してしまう。人々は何が正義で何が不正義であるかを慎重に吟味する暇もないまま、同意のしるしに軽い気持ちでリツイートするか、よく考えもせずにネガティヴな感情をそのまま吐き出すかの二者択一に流れていく。

とるべき立場を瞬間的に二極分化させてしまうメカニズムの強力さは恐るべきもので、どちらつかずの状態で迷っている人間はとうていスピードについていくことができず、おとなしく口をつぐむしかない。直截な断言がめまぐるしく飛び交うネット空間にあって、いいいいとまどうとかためらうとかたゆたうといった、未決定のあいまいな態度は受け入れられないのである。

デジタル時代に特有の現象というべきか、思考を精密化するために必要不可欠であるはずのアナログ的な「間」が失われ、今や私たちの判断そのものが2進法化されつつあるといっても過言ではない。0でも1でもない中間領域にとどまることは許されず、とにかくどちらかに決めなければネット情報の無政府的な氾濫に対応できないので、私たちはなんとなく抱いている違和感に的確な言葉を与える余裕を失い、じゅうぶんな省察を経ないまま、心ならずも性急な立場決定へと駆り立てられていく。

かくして言論の大衆化は、ゆったりとした人間的な「時間の流れ」を切り刻み、無機質な断片の集積へと還元してしまう。

†分断される正義

こうした状況がもたらす影響は、以上にとどまるものではない。

先に「正義はひとつではない」と述べたが、これはいまさらことごとしく言い立てるまでもなく、いつの時代にあってもあたりまえの話である。普遍＝不変の正義などどこにも存在しないことは、誰もが実感しているところだろう。

問題は、それらの複数の正義が相互に交わる回路をもっていないこと、正義どうしのあいだで実質的な接触や交流が成立していないことだ。

自分にとって「正しいこと」の定義が他人に共有されれば、そこには小規模な（仮想の）共同体が形成される。しかしそれは同時に、自分と同じ価値観を共有しない別の共同体が形成されることを意味している。

本来であれば、それらの共同体どうしで時間をかけた対話がなされ、時には激しい論争が繰り広げられながら、双方の主張がより強靭で精緻なものへと鍛え上げられていくのが、健全な言論空間のありようだろう。厳しい相対化の力学にさらされることのない言説は、しょせん仲間うちの「目くばせ」や「うなずきあい」にすぎず、刹那的な自己満足として自然に淘汰されていくというのが、これまでの暗黙の掟であった。

ところが今や、ネット空間では対話や論争が成り立つ暇もなく、過熱した共感と反感の渦が巻き起こり、短絡的な肯定と否定の連鎖がエスカレートしていく。いわゆるサイバー・カスケード現象である。

その結果、広汎な情報共有と意見交換の場であるはずのインターネットが、逆に閉ざされた共同体内での偏向した情報の集中と意見の糾合を加速させ、複数の正義どうしの分断を引き起こすという逆説が生じている。広大な開放空間であると私たちが思っているものが、実態としてはいくつもの偏狭な閉鎖空間の集合体にすぎなくなっているのだとすれば、これはいかにもアイロニカルな状況ではないか。

もちろん、ネット上でも長文の評論やエッセーを発表している人はいくらでもいるので、その限りでは新聞や雑誌のような紙媒体と本質的に異なるわけではない。時には発信者どうしのあいだで、論争らしきやりとりが生まれることもあるだろう。しかしそうした主張の交換も、従来のように何か月かかけて、場合によっては何年もかけて深化したり熟成したりすることはまれであり、けっきょくはレベルの低い揚げ足取りの応酬に終始してしまうのが通例である。

この事態には、もしかすると編集者の不在ということが少なからず関係しているのかもしれない。新聞や雑誌であれば、発信者と受信者のあいだに必ず編集者が介在し、多かれ少なかれメッセージの交換を調整する変圧器の役割を果たしている。目に余る個人攻撃や行き過ぎた主観の吐露はその過程でチェックされ、公表される文章について最低限の質保証がなされることになる。

むろん過剰な検閲があってはならないが、不特定多数の目に触れる言葉を流通させる以上、一定のフィルターをかけてそれぞれの媒体にふさわしい商品価値を保持することは、新聞社や出版社にとって当然の社会的責務だろう。その責務がある程度まで果たされてきたからこそ、これまでは不毛な中傷合戦に堕することのない有意義な論争が成立してきたのである。

ところが、編集者を欠いたネット上では当事者たちが直接やりとりすることになるので、そうした制御装置が働かない。双方の主張する正義は相対化の契機にさらされることなく自らを絶対化することに終始し、ひたすら一方向的に暴走したあげく、それぞれの共同体内で凝固してしまう。その結果、いくつもの正義がたがいに交わることのないまま並存し、ますます尖鋭化していくことになる。

対話や論争を成立させるために不可欠の媒介者が不在であるがゆえに、いったん弾みがつくと押しとどめようのないこの現象は、いわば従来の言論空間を支えてきた知性主義の終焉を告げる徴候であり、代わって台頭しつつある反知性主義的風潮の端的な表れであるのかもしれない。

敵と味方の線引きをことさら強調してみせるのは政治の常套手段だが、防御の対象と攻撃の標的をアプリオリに峻別するインターネットはその意味で、最も鮮明な形で政治化された世界であるとも言える。その中で、複数の恣意的な正義が絶え間なく分断され、公共性へと開かれるべき「空間の広がり」を阻害する要因となっているというのが、現代社会の一側面なのではないか。

†スコレーとフォーラム

以上のような状況認識を踏まえた上で、本書で扱った四つの事例をあらためて振り返ってみると、それぞれに固有の経緯や事情はあるものの、これらはいずれも言論の大衆化に端を発した「正義の分断化」という現象が、ネット空間から現実の言論空間へと逆流しつつあることを物語る事象としてとらえることができる。

そこには大きく言って、二つの顕著な特徴が見られる。

第一の特徴は、何度となく指摘してきた「目的と手段の逆転」である。これは特に第1章、第3章、第4章に共通する構図であった。

秋季入学への移行、英語民間試験の活用、国語記述式問題の導入といった手段が、到達すべき唯一の「正義」として議論の出発点に置かれてしまったために、本来の目的（教育の国際化あるいはグローバル化、会話力を含めた総合的な英語力の育成、思考力・判断力・表現力の涵養）を実現する他の手段の可能性が視界の外に追いやられ、「十分条件の連鎖」による単線的思考で事が進められてしまうという構造は、三つの事例で驚くほどの相同性を示していた。

秋入学問題はあくまでも東大内部の話にとどまったが、特に大学・高校全体を巻き込んだ英語民間試験と国語記述式問題の導入プロセスには、国の政策決定過程全般に浸透する病理が露呈しているように思われる。

いわゆる「有識者」を中心として構成される各種の審議会は、本来ならば多様な立場の人間が意見を戦わせながら、複数の可能性の中から最善の選択肢を見出すことを任務としているはずだ。ところが多くのケースでは、はじめから用意されている結論を権威づけるためのアリバイ作りに利用されている感があり、メンバーの人選も、それを前提としておこなわれているという印象がぬぐえない。

国会という最も重要な政策論争の場においても、目的と手段が入れ替わった「結論ありき」の形骸化した審議が恒常化している。多数派の「正義」はそれ自体が目的化され、しばしば強行採決という方法で無理やり正当化されてきたりもした。

「無理が通れば道理が引っ込む」という慣用句が、よりにもよって国権の最高機関である国会にまで（しかもそこには「良識の府」と言われる参議院も存在しているはずなのに）あてはまるというのは、なんとも情けない事態としか言いようがないが、これはまさに、「与党の正義」と「野党の正義」が対話の回路をもたぬまま断絶していることの必然的な結果にほかなるまい。「万機公論に決すべし」という「五箇条の御誓文」の言葉が今ほど新鮮に感じられることはないというのは、いかにも皮肉な事態である。

いっぽう本書の事例に見られる第二の特徴は、「文系対理系」、「教養対実用」という、極度に単純化された二項対立的発想である。これは特に第2章、第3章、第4章に共通する構図であった。

大学の組織に関しては人文社会科学系学部・大学院の廃止や社会的要請の高い分野への転換が要請され、英語教育に関しては「4技能」を旗印に教養英語から実用英語への移行が推進され、国語教育に関しては記述式試験の導入にあたって小説や評論よりもパンフレットや契約書のほうが重視されるというように、有用性の論理はさまざまな局面で跋扈し、「役に立つもの」と「役に立たないもの」を機械的に切り分けていく。

正義に理系も文系もあるはずがないのに、社会的要請という名のフィクションが両者を強引に分断し、すべての学問の基盤となるべき人文知を駆逐してしまう。世に蔓延することの種の硬直した二元論の拡大には歯止めがかからない。

第4章の最後でも述べたように、こうした発想はおそらく「言葉にたいする敬意」の根本的な欠如に由来している。英語であれ、日本語であれ、言語は単なるコミュニケーションツールではない。それは本質的に文化的な産物であって、私たちの世界観を形作る最も基盤的な思考の体系である。私たちは言葉を通して、というより言葉において世界を秩序だて、構造化し、認識しているからだ。

にもかかわらず、有用性・実利性を絶対的な基準とする道具的言語観はいつのまにか社会の隅々まで深く浸潤し、英語スピーキングテストの過度の重視や「論理国語」の安易な導入につながっている。言葉を単なる情報伝達手段に還元してしまうこの種の皮相な言語観が、いわれなき文系軽視の風潮に拍車をかけていることは疑いがない。

確かに科学技術や医療の発展は、私たちにとって直接役立つ成果をもたらすことだろう。癌を完治させる薬が発明されれば死亡率は激減するだろうし、車の完全自動運転が普及すれば交通事故は消滅するかもしれない。

しかしすでに見てきた通り、人間は有用性の論理だけでは生きられない動物である。最適解を選べない（あるいは選ばない）ところにこそ、その最終的な存在理由《レゾン・デートル》があると言ってもいい生き物なのだ。

それゆえ私たちは一歩立ち止まって、「人間であること」という本来的な意味での

humanityについて、もう一度深く思索をめぐらせなければならない。

そのためには、言論の大衆化にともなって失われつつある「時間の流れ」の連続性と、正義の分断化によって失われつつある「空間の広がり」の全体性を、ともに回復することが不可欠である。すなわち、言葉にたいして最大限の敬意を払いながら緻密に思考を練りあげるための余暇（スコレー）と、各々が培った思考を他者と自由に交換することのできる言論の広場（フォーラム）を、同時に実現することが求められる。

では、そうしたゆとりの時間と公《おおやけ》の空間、スコレーとフォーラムを人々に提供する場として最もふさわしいのはどこか？

言うまでもなく、大学を措いてほかにない。

†国立大学と国策大学

管理的業務に携わるようになって以来、私はずっと、大学は何をすべきところか、特に国立大学は何をすべきところかということを考え続けてきた。

これはそれこそ唯一の正解など存在しない、途方もなく大きな問いである。しかし東大での勤務を終える最後の年になって、私ははからずも、この問いに自分なりの答えを与える機会を得ることとなった。最後にそのことに触れて、本書の締めくくりとしたい。

第3章で述べたように、私は英語民間試験問題を検討するワーキング・グループの座長を務め、二〇一八年七月一二日に「出願にあたって認定試験の成績提出を求めない」という選択肢を第一の優先順位とする答申を総長宛に提出した。そして二日後にこの答申書の全文が公表されたのだが、それから二か月ほどして、「東大の見識を疑う」という見出しの批判的なインタヴュー記事が「読売オンライン」に掲載された（九月一〇日）。

語り手の安西祐一郎氏は英語民間試験や国語記述式問題の導入に中心的な役割を果たしてきた著名な「有識者」であるが、その発言内容を要約すれば、「東大は国民の負託を受けて多額の税金が注入されている明治以来の国策大学」であるから、「世界の一流大学として人材ネットワークを創り上げていく、その牽引者〔原文ママ、正しくは牽引車〕たるべき責任がある」のに、「現状の東大入試は、この大きな責任を全く果たせていない」、従って「もし答申が通って英語入試が矮小化されるのなら、東大は時代の牽引者〔車〕として国民が負託すべき大学に値しない。そうであれば東大に多額の税金を注入する必要はない」といった趣旨である。

答申が通るとなぜ「英語入試が矮小化される」ことになるのかまったく理解不能だが、

一連の入試改革路線自体が破綻をきたしつつある今、細かい点についていちいちコメントする気はない。私が新鮮な驚きを覚えたのは、この中で「国策大学」という言葉が用いられていたことである。私は自分の勤めている大学が「国立大学」（二〇〇四年度以降は国立大学法人）であるとは思っていたけれども、「国策大学」であると思ったことは一度もなかった。

「国策」の意味を調べてみると、どの辞書もまずは「国家の政策」というあたりまえの定義を掲げている。だが、ここで言う「国家」とはいったい何だろうか。

「政策」のほうを先に辞書で引いてみると、『広辞苑』には「政治の方策。政略」という一般的定義の次に、「政府・政党などの方策ないし施政の方針」とある。ただし野党の政策がそのまま国の政策になることは少ないので、国策を決定する主体としての「国家」は実質的に政府与党と同一とみなされるだろう。すると国策大学とはすなわち、「政府が決めた政策を実行する大学」ということになりそうだ。

だが、政府は当然のことながら無謬ではありえない。それどころか、入試制度改革をめぐる混乱でも明らかになった通り、私たちが第2章で定義したような「人文知」の欠如ゆえにしばしば重大な過ちを犯すことがある。

『広辞苑』でも『大辞林』でも、「国策」という見出しの項目には「国策会社」という用例が引かれている。「主として満州事変から第二次世界大戦中まで、日本政府の援助ないし指導の下に設立された特殊会社。満州重工業開発会社など侵略的意図でつくられたものが多い」(『広辞苑』)、「国家の産業政策を遂行するために設立された半官半民の特殊会社。日本では第二次世界大戦中、植民地支配のために多くつくられた」(『大辞林』)というのがその説明である。

民主的な選挙が実施されていなかった戦時中という特異な状況下において、「侵略的意図で」「植民地支配のために」設立された会社のことをここで引き合いに出すのは、かならずしも適切ではないかもしれない。しかしこの典型的な用例からの連想で、「明治以来の国策大学」といった時代錯誤的な言い方にも同様の不穏な歴史のにおいを嗅ぎ取らずにいられないのは、果たして私だけだろうか。

明言しておくが、東京大学は「国立」大学であって、「国策」大学ではない。なぜなら、東大が拠って立つところの「国」とは、政策を立案する政権与党でもなければ、これを実行する政府でもなく、ましてやその依頼を受けて提案や助言をおこなう有識者会議や各種審議会でもなく、東大に注入されている「多額の税金」を納めている国民全体のことであるからだ。
だからもし推進されようとしている国策に疑問があれば、国民の名において率直に異議を申し立て、開かれた場で議論を戦わせ、誤りがあれば毅然としてこれを糺《ただ》すことこそが、国立大学（法人）に委ねられた責務であろう。アカデミアとしての健全な批判精神を失ってしまったら、それこそ「時代の牽引者（車）として国民が負託すべき大学に値しない」。

そしてこの機能を保持するためには、常に時の政権や産業界とのあいだに一定の距離感を保持することが必須の条件である。適正な距離を見失って対象と密着すれば、必然的に批判精神は麻痺してしまう。これはもちろん東京大学に限ったことではない。国公私立を問わず、大学一般について言えることだ。

法人化以降、国からの運営費交付金が毎年削減される中で、東京大学でもここ数年、「運営から経営へ」の転換が急速に進められてきた。昔はタブー視されていた「産学協同」も、今ではすでにあたりまえのことになっている。

こうして学術の世界にアカデミック・キャピタリズム（大学資本主義）が浸透しつつある現在、アカデミック・フリーダム（学問の自由）という理念だけを掲げて「象牙の塔」であり続けることがもはや困難であることは確かだろう。お金がなければ何もできないのだから、昔のようにきれいごとばかり言ってはいられないというのも、たぶんその通りなのだろう。

しかし先に述べた通り、大学が果たすべき本来の使命はあくまでも、思考を熟成させる静謐なゆとりの時間（スコレー）と、自由に言葉の飛び交う白熱した空間（フォーラム）を醸成し、可能な限り多くの人々に提供することである。そうでなければ、大学が大学であることの意味がどこにあるだろうか？

アカデミック・フリーダムとアカデミック・キャピタリズムがせめぎあう中で、これからの大学は慎重に両者のバランスをとりつつも、変わらぬ良識と矜持の念をもって「学問の府」としての使命を果たし続けなければならない。そして知的興奮と感動に沸き立つキャンパスから、未来を切り拓く意欲にあふれた学生たちを世に送り出し続けなければならない。

東大にはまさに、その牽引車たるべき責任がある。だからこそ、全国の大学の先頭に立って、正々堂々とその責任を果たしてほしい。

それこそが言葉本来の意味において「国民の負託」に応えることにほかならないと、私は確信している。

あとがき

東京大学本郷キャンパスの中心に屹立する安田講堂は、およそ半世紀前、東大全共闘を中心とする新左翼の活動家たちによって占拠された象徴的な場所である。一九六九年一月一八日から一九日にかけ決行されたバリケード封鎖の解除にあたっては、占拠者たちと機動隊とのあいだに激しい攻防戦が繰り広げられ、その様子はテレビでもリアルタイムで中継された。当時高校二年生だった私は、詳細な事情など知らぬままで、屋上から次々に投下されてくる火炎瓶が燃え上がる様子を呆然と眺めながら、来年の入試はどうなるのだろうか、などとぼんやり考えていたことを思い出す。

東大紛争の後遺症で見る影もなく荒廃したこの建物も、その後は全面的な改修を施され、一九九一年からは学部と大学院の卒業式が毎年ここで挙行されている。二〇一三年から一四年にかけては耐震補強も含めた改修工事が行われ、今では大学の執行部や事務局の一部もここに置かれている。本部がまだ別の建物にあった任期当初の数か月を除いて、私が理事・副学長として四年近くの日々を過ごしたのは、まさに半世紀前にテレビで見ていたあの時計台の下だったのである。

静かな執務室の椅子に座りながら、流れた歳月の長さと重みにとりとめもなく思いを馳せていたある日、私はふと、この部屋に漂っている空気は果たして五〇年前のそれと比べて呼吸しやすいものになっているのだろうか、という疑問にとらわれた。

紛争当時の荒れ果てた講堂内には、確かに悲痛なまでに暴力的で切迫した息苦しさが満ちていたにちがいない。だが、もしかすると現在の小ぎれいな講堂内にはそれとは別の種類の息苦しさ、そうとは気づかぬうちに私たちの思考や感性を包み込んで飼い馴らしてしまう「穏やかな息苦しさ」が充満しているのではないか——こんな不思議な感覚が急に胸元にせりあがってきたのを覚えている。

私に本書を書かせたのは、この「穏やかな息苦しさ」だったのだと思う。

それはおそらく、政治や行政の場を覆っている澱んだ「空気」のようなものにたいする漠然とした違和感であり、本能的な拒否反応だったのだろう。フランス語担当の一教員として三〇年近く呼吸してきた駒場キャンパス（教養学部）のそれとはまったく組成が異なるように思われたこの空気は、永田町や霞が関界隈から本郷周辺に流れてきて、いつのまにか混濁したもやのように安田講堂を包み込んでいるような気がしたのである。

ただし誤解を避けるために言い添えておけば、私が抱いていた違和感や拒否反応はあくまでも「組織」にたいするものであって、けっしてそこで働く個々人にたいするものではない。たとえば本書ではしばしば文部科学省への批判めいた言葉を書き連ねたりしたけれども、少なくとも私が実際に接する機会のあった（主として比較的若い）官僚の人たちは、ほとんど例外なく真摯に日本の教育の行く末を考え、誠実に仕事に取り組んでいるという印象を受けた。おそらく彼らの中には、英語民間試験にしても国語記述式問題にしても、できることなら一日も早くストップしたほうがいいと考えていた人たちも少なくないのではなかろうか。

しかし官庁であれ、大学であれ、個人が勇気を奮って声をあげない限り、組織の空気はけっして変わらない。だから私が安田講堂で感じていたのと同じ種類の、あるいはもっと濃密な息苦しさに耐えながら日々を送っている人々には、歳月を重ねても窒息したり嗅覚を失ったりすることなく、「道理にはずれたこと」を鋭敏に嗅ぎ分けて、言うべきことを言うべきときに言い、みずからの所属する組織の空気をより呼吸しやすいものに変えていってほしいと切実に思う。

本書は基本的に書き下ろしであるが、これまで私が折に触れて新聞や雑誌に寄稿してきた文章やシンポジウムでの発表原稿、インタヴュー記事などが随所に利用されている。その主要なものは次の通り。

「文部科学大臣の通知と人文社会的教養」(「IDE－現代の高等教育」、IDE大学協会、二〇一五年一二月)
「人文社会科学と地域文化研究」(「ODYSSEUS」第21号、東京大学大学院総合文化研究科地域文化研究専攻、二〇一六年三月)
「芸術のような学問」(「思想」、岩波書店、二〇一六年九月)
「大学入試の記述式問題　個別試験で義務化を」(日本経済新聞、二〇一七年二月六日)
「東大　民間試験を必須とせず――異なる試験、公平な比較困難　WG座長　石井洋二郎理事・副学長に聞く」(朝日新聞インタヴュー、二〇一八年一〇月二二日)
「英語民間試験活用　割れる大学対応」(読売新聞インタヴュー、二〇一八年一二月七日)
「入試改革の理念と現実」(「学術から考える英語教育問題：CEFR、入試改革、高大接続」、日本学術会議シンポジウムでの発表、二〇一九年三月二三日)

「大学の定員管理厳格化　脱「一点刻み入試」と矛盾」（日本経済新聞、二〇一九年五月二〇日）
「リベラルアーツとしての語学教育」（「ＩＤＥ－現代の高等教育」、ＩＤＥ大学協会、二〇一九年六月）

したがって、部分的には文章がこれらの文献と重複しているケースがあることをお断りしておく。

煩瑣を避けるため、引用文献の出典指示はすべて本文中に組み込むことにして、注はいっさいつけなかった。また、本文中で言及した各種審議会の資料やシンポジウムの記録についてもいちいちＵＲＬを示すことはしていないが、大半はインターネットで容易にアクセスできるので、必要に応じて検索・参照していただければ幸いである。

最後になるが、本書の刊行にあたっては、筑摩書房新書編集部の松田健氏と許士陽子氏にひとかたならぬお世話になった。特に第3章と第4章については、入稿後に大きく事態が揺れ動き始めたため、許士氏には校了間際まで何度も細かい修正の労をとっていただく結果になった。終始的確かつ丁寧な対応をしていただいたことに、この場を借りて心から御礼申し上げたい。

二〇一九年一二月八日

石井洋二郎

ちくま新書
1473

危機《きき》に立《た》つ東大《とうだい》
——入試制度《にゅうしせいど》改革《かいかく》をめぐる葛藤《かっとう》と迷走《めいそう》

二〇二〇年一月一〇日 第一刷発行

著者 石井洋二郎（いしい・ようじろう）

発行者 喜入冬子

発行所 株式会社 筑摩書房
東京都台東区蔵前二-五-三 郵便番号一一一-八七五五
電話番号〇三-五六八七-二六〇一（代表）

装幀者 間村俊一

印刷・製本 三松堂印刷 株式会社

ISBN978-4-480-07283-2 C0237

ちくま新書

ちくま新書

1076 感情とは何か
——プラトンからアーレントまで
清水真木
「感情」の本質とは何か？　感情をめぐる哲学的言説の系譜を整理し、それぞれの細部を精神史の文脈に置きなおす。哲学史の新たな読みを果敢に試みる感情の存在論。

1083 ヨーロッパ思想を読み解く
——何が近代科学を生んだか
古田博司
なぜ西洋にのみ科学的思考が発達したのか。その秘密をカント、ニーチェ、ハイデガーらに探り、西洋独特の思考パターンを対話形式で読み解く。異色の思想史入門。

1119 近代政治哲学
——自然・主権・行政
國分功一郎
今日の政治体制は、近代政治哲学が構想したものだ。ならば、その基本概念を検討することで、いまの民主主義体制が抱える欠点も把握できるはず！　渾身の書き下し。

1229 アレント入門
中山元
生涯、全体主義に対峙し、悪を考察した思想家ハンナ・アレント。その思索の本質を『全体主義の起原』『イェルサレムのアイヒマン』などの主著を通して解き明かす。

132 ケアを問いなおす
——〈深層の時間〉と高齢化社会
広井良典
高齢化社会において、老いの時間を積極的に意味づけてゆくケアの視点とは？　医療経済学、医療保険制度、政策論、科学哲学の観点からケアのあり方を問いなおす。

377 人はなぜ「美しい」がわかるのか
橋本治
「美しい」とはどういう心の働きなのか？「合理性」や「カッコよさ」とはどう違うのか？　日本の古典や美術に造詣の深い、活字の鉄人による「美」をめぐる人生論。

415 お姫様とジェンダー
——アニメで学ぶ男と女のジェンダー学入門
若桑みどり
白雪姫、シンデレラ、眠り姫などの昔話にはどのような意味が隠されているか。世界中で人気のディズニーのアニメを使って考えるジェンダー学入門の実験的講義。

852 ポストモダンの共産主義——はじめは悲劇として、二度めは笑劇として S・ジジェク 栗原百代訳

9・11と金融崩壊でくり返された、グローバル危機という掛け声に騙されるな——闘う思想家が混迷の時代を分析、資本主義の虚妄を暴き、真の変革への可能性を問う。

910 現代文明論講義——ニヒリズムをめぐる京大生との対話 佐伯啓思

殺人は悪か？ 民主主義はなぜ機能しないのか？——ニヒリズムという病が生み出す現代社会に特有の難問について学生と討議する。思想と哲学がわかる入門講義。

953 生きるための論語 安冨歩

『論語』には、人を「学習」の回路へと導き入れる叡智がある。その思想を丁寧に読み解き、ガンジー、サイバネティクス、ドラッカーなどと共鳴する姿を描き出す。

1000 生権力の思想——事件から読み解く現代社会の転換 大澤真幸

我々の生を取り巻く不可視の権力のメカニズムとはいかなるものか。ユダヤ人虐殺やオウム、宮崎勤の犯罪など象徴的事象から、現代における知の転換を読み解く。

1146 戦後入門 加藤典洋

日本はなぜ「戦後」を終わらせられないのか。その核心にある「対米従属」「ねじれ」の問題の起源を世界戦争に探り、憲法九条の平和原則の強化による打開案を示す。

1245 アナキズム入門 森元斎

国家なんていらない、ひたすら自由に生きよう——プルードン、バクーニン、クロポトキン、ルクリュ、マフノの思想と活動を生き生きと、確かな知性で描き出す。

1259 現代思想の名著30 仲正昌樹

近代的思考の限界を超えようとした現代思想。難解なものが多いそれらの名著を一気に30冊解説する。知っているつもりになっていたあの概念の奥深さにふれる。

ちくま新書

1369
武士の起源を解きあかす
――混血する古代、創発される中世
桃崎有一郎
武士はどこでどうやって誕生したのか。日本を長期間統治した彼らのはじまりは「諸説ある」として不明とされていた。古代と中世をまたぎ、日本史最大級の謎に挑む。

1398
感情天皇論
大塚英志
被災地で、戦場跡で、頭を垂れ祈る――。明仁天皇の「象徴としての行為」を、国民のため心をすり減らす「感情労働」と捉え、その誕生から安楽死までを読みとく。

1287-1
人類5000年史Ⅰ
――紀元前の世界
出口治明
人類五〇〇〇年の歩みを通読する、新シリーズの第一巻、ついに刊行！ 文字の誕生から知の爆発の時代まで紀元前三〇〇〇年の歴史をダイナミックに見通す。

1287-2
人類5000年史Ⅱ
――紀元元年～1000年
出口治明
人類史を一気に見通すシリーズの第二巻。漢とローマ二大帝国の衰退、世界三大宗教の誕生、陸と海のシルクロード時代の幕開け等、激動の1000年が展開される。

1449
インディアンとカジノ
――アメリカの光と影
野口久美子
ラスベガスを上回る、年間3兆円のビッグ・ビジネスはなぜ生まれたのか。インディアンの歴史を跡づけ、その意義となおも残る困難を明らかにする。

064
民俗学への招待
宮田登
なぜ私たちは正月に門松をたて雑煮を食べ、晴着を着るのだろうか。柳田国男、南方熊楠、折口信夫などの民俗学研究の成果を軸に、日本人の文化の深層と謎に迫る。

615
現代語訳 般若心経
玄侑宗久
人はどうしたら苦しみから自由になれるのか。言葉や概念といった理知を超え、いのちの全体性を取り戻すための手引を、現代人の実感に寄り添って語る新訳決定版。

ちくま新書

744
宗教学の名著30
島薗進

哲学、歴史学、文学、社会学、心理学など多領域から宗教理解、理論の諸成果を取り上げ、現代における宗教的なものの意味を問う。深い人間理解へ誘うブックガイド。

1237
天災と日本人
――地震・洪水・噴火の民俗学
畑中章宏

地震、津波、洪水、噴火……日本人は、天災を生き抜く知恵を、風習や伝承、記念碑等で受け継いできた。各地の災害の記憶をたずね、日本人と天災の関係を探る。

1291
日本の人類学
山極寿一
尾本恵市

人類はどこから来たのか？ ヒトはなぜユニークなのか？ 東大の分子人類学と京大の霊長類学を代表する二大巨頭が、日本の人類学の歩みと未来を語り尽くす。

1329
京都がなぜいちばんなのか
島田裕巳

京都の神社仏閣にはそれぞれに歴史と、謎がある。その謎を解いていくことで、京都のいまだ隠された魅力を見つけ、人を惹きつけてやまない源泉を明らかにする。

1424
キリスト教と日本人
――宣教史から信仰の本質を問う
石川明人

日本人の99％はなぜキリスト教を信じないのか？ 宣教師たちの言動や、日本人のキリスト教に対する複雑な眼差しを糸口に宗教についての固定観念を問い直す。

1459
女のキリスト教史
――「もう一つのフェミニズム」の系譜
竹下節子

キリスト教は女性をどのように眼差してきたのか。聖母マリア、ジャンヌ・ダルク、マザー・テレサ……、世界を動かした女性たちの差別と崇敬の歴史を読み解く。

742
公立学校の底力
志水宏吉

公立学校のよさとは何か。元気のある学校はどんな取り組みをしているのか。12の学校を取り上げた本書は、公立学校を支える人々へ送る熱きエールである。

ちくま新書

1354
国語教育の危機
——大学入学共通テストと新学習指導要領
紅野謙介
二〇二一年より導入される大学入学共通テスト。高校国語教科書の編集に携わってきた著者が、そのプレテスト問題を分析し、看過できない内容にメスを入れる。

1455
ことばの教育を問いなおす
——国語・英語の現在と未来
鳥飼玖美子
苅谷夏子
苅谷剛彦
大学入学共通テストへの記述問題・民間試験導入などで揺れ動く国語教育・英語教育。ことばの教育はどうあるべきなのか、3人の専門家がリレー形式で思考する。

847
成熟日本への進路
——「成長論」から「分配論」へ
波頭亮
日本は成長期を終え成熟フェーズに入った。旧来の成長モデルの政策も制度ももはや無効であり改革は急務である。国民が真に幸せだと思える国家ビジョンを緊急提言。

934
エネルギー進化論
——「第4の革命」が日本を変える
飯田哲也
いま変わらなければ、いつ変わるのか？　自然エネルギーは実用可能であり、もはや原発に頼る必要はない。持続可能なエネルギー政策を考え、日本の針路を描く。

1185
台湾とは何か
野嶋剛
国力において圧倒的な中国・日本との関係を深化させる台湾。日中台の複雑な三角関係を波乱の歴史、台湾の社会・政治状況から解き明かし、日本の針路を提言。

1353
政治の哲学
——自由と幸福のための11講
橋爪大三郎
社会の仕組みを支えるのが政治だ。政治が失敗すると、自由も幸福も壊れかねない。政府、議会、安全保障、年金など、政治の基本がみるみる分かる画期的入門書！

1355
日本が壊れていく
——幼稚な政治、ウソまみれの国
斎藤貴男
「モリ・カケ」問題、官僚の「忖度」、大臣の舌禍事件……。政治の信頼を大きく損ねる事件が、なぜこれほど続くのか？　日本の政治が劣化した真因を考える。

ちくま新書

1440 二重国籍と日本 国籍問題研究会編
旧態依然かつ不透明な国籍法の運用で、国籍を剝奪されたり、無国籍者に陥る悲劇やナショナリズムに絡めたバッシングが発生している。どこに問題があるか。

541 内部被曝の脅威 ――原爆から劣化ウラン弾まで 肥田舜太郎 鎌仲ひとみ
劣化ウラン弾の使用により、内部被曝の脅威が世界中に広がっている。広島での被曝体験を持つ医師と気鋭の社会派ジャーナリストが、その脅威の実相に斬り込む。

606 持続可能な福祉社会 ――「もうひとつの日本」の構想 広井良典
誰もが共通のスタートラインに立つにはどんな制度が必要か。個人の生活保障や分配の公正が実現され環境制約とも両立する、持続可能な福祉社会を具体的に構想する。

683 ウェブ炎上 ――ネット群集の暴走と可能性 荻上チキ
ブログ等で、ある人物への批判が殺到し、収拾不能になることがある。こうした「炎上」が生じる仕組みを明らかにし、その可能性を探る。ネット時代の教養書である。

710 友だち地獄 ――「空気を読む」世代のサバイバル 土井隆義
周囲から浮かないよう気を遣い、その場の空気を読もうとするケータイ世代。いじめ、ひきこもり、リストカットなどから、若い人たちのキツさと希望のありかを描く。

800 コミュニティを問いなおす ――つながり・都市・日本社会の未来 広井良典
高度成長を支えた古い共同体が崩れ、個人の社会的孤立が深刻化する日本。人々の「つながり」をいかに築き直すかが最大の課題だ。幸福な生の基盤を根っこから問う。

817 教育の職業的意義 ――若者、学校、社会をつなぐ 本田由紀
このままでは、教育も仕事も、若者たちにとって壮大な詐欺でしかない。教育と社会との壊れた連環を修復し、日本社会の再編を考える。

1091
もじれる社会
――戦後日本型循環モデルを超えて
本田由紀
もじれる＝もつれ＋こじれ。行き詰まり、閉々とした状況にある日本社会の見取図を描き直し、教育・仕事・家族の各領域が抱える問題を分析、解決策を考える。

1113
日本の大課題 子どもの貧困
――社会的養護の現場から考える
池上彰編
格差が極まるいま、家庭で育つことができない子どもが増えている。児童養護施設の現場から、子どもの貧困についての実態をレポートし、課題と展望を明快にえがく。

1171
震災学入門
――死生観からの社会構想
金菱清
東日本大震災によって、災害への対応の常識は完全に覆された。科学的なリスク対策、心のケア、霊性、コミュニティ再建などを巡り、被災者本位の災害対策を訴える。

1190
ふしぎな部落問題
角岡伸彦
もはや差別だけでは語りきれない。部落を特定する膨大なネット情報、過敏になりすぎる運動体、同和対策事業の死角。様々なねじれが発生する共同体の未来を探る。

1205
社会学講義
橋爪大三郎
佐藤郁哉
吉見俊哉
社会学とはどういう学問なのか？　基本的な視点から説き起こし、テーマの見つけ方・深め方、フィールドワークの手法までを講義形式で丁寧に解説。入門書の決定版。

1242
ＬＧＢＴを読みとく
――クィア・スタディーズ入門
森山至貴
広まりつつあるＬＧＢＴという概念。しかし、それだけでは多様な性は取りこぼされ、マイノリティに対する差別もなくならない。正確な知識を得るための教科書。

1265
僕らの社会主義
國分功一郎
山崎亮
いま再びグランド・セオリーが必要とされているのではないか？　マルクス主義とは別の「あったかもしれない社会主義」の可能性について気鋭の論客が語り尽くす。

1420
路地裏で考える
――世界の饒舌さに抵抗する拠点
平川克美
様々なところで限界を迎えている日本。これまでのシステムに背を向け、半径三百メートルで生きていくことを決めた市井の思想家がこれからの生き方を提示する。

1422
教育格差
――階層・地域・学歴
松岡亮二
親の学歴や居住地域など「生まれ」によって、子どもの学歴・未来は大きく変わる。本書は、就学前から高校まで教育格差を緻密に検証し、採るべき対策を提案する。

1423
ヒューマンエラーの心理学
一川誠
仕事も勉強も災害避難の判断も宝くじも、直感はもちろん熟考さえも当てにならない。なぜ間違えてしまうのか。錯覚・錯視の不思議から認知バイアスの危険まで。

1428
アフリカを見る アフリカから見る
白戸圭一
もはやアフリカは哀れみの目で「援助」する対象ではない。アフリカ諸国の過去と現在をどうとらえ、日本はどうかかわっていくべきか。篠田英朗氏との対談も収録。

1429
露出する女子、覗き見る女子
――SNSとアプリに現れる新階層
三浦展
天笠邦一
今、格差はスマホの中にあった！ 20―30代女性544人を徹底調査。所得・仕事・結婚による階層間の断絶を、SNSやアプリの利用実態から読み解く。

1433
ソーシャルワーカー
――「身近」を革命する人たち
井手英策
柏木一惠
加藤忠相
悲惨に立ち向かい、身近な社会を変革するソーシャルワーカー。人を雑に扱う社会から決別し、死ぬまで人間らしく生きられる社会へ向けて提言した入魂の書！

1434
ルポ 平成ネット犯罪
渋井哲也
出会い系、自殺系、裏サイト、闇サイトを舞台にした売春、ドラッグ、自殺、いじめ……。リアル世界に飛び出したネット事件を歩き、バーチャル空間の功罪を探る。

ちくま新書

1436
教え学ぶ技術
──問いをいかに編集するのか
苅谷剛彦
石澤麻子
オックスフォード大学の教育法がここに再現！　論理をいかに構築するのか？　問いはどうすれば磨かれるのか？　先生と学生との対話からその技術を摑み取れ。

1439
痴漢外来
──性犯罪と闘う科学
原田隆之
痴漢は犯罪であり、同時にその一部は「性的依存症」という病でもある。10年以上にわたり痴漢の治療に携わってきた犯罪心理学者が、その病の実態に迫る。

1445
コミュニティと都市の未来
──新しい共生の作法
吉原直樹
多様性を認め、軽やかに移動する人々によるコミュニティはいかにして成立するのか。新しい共生の作法が、既存の都市やコミュニティを変えていく可能性を探る。

1427
川上から始めよ
──成功は一行のコピーで決まる
川上徹也
企業の「理念」や「哲学」を一行に凝縮した、旗印となる「川上コピー」。あらゆるビジネス、プロジェクトの成功には欠かせないフレーズを、どう作ればいいのか。

339
「わかる」とはどういうことか
──認識の脳科学
山鳥重
人はどんなときに「あ、わかった」「わけがわからない」などと感じるのか。そのとき脳では何が起こっているのだろう。認識と思考の仕組みを説き明す刺激的な試み。

363
からだを読む
養老孟司
自分のものなのに、人はからだのことを知らない。たまにはからだのことを考えてもいいのではないか。口から始まって肛門まで、知られざる人体内部の詳細を見る。

584
日本の花〈カラー新書〉
柳宗民
日本の花はいささか地味ではあるけれど、しみじみとした美しさを漂わせている。健気で可憐な花々は、知れば知るほど面白い。育成のコツも指南する味わい深い観賞記。

ちくま新書

739 建築史的モンダイ　藤森照信
建築の歴史を眺めていると、大きな疑問がいくつもわいてくる。建築の始まりとは？　そもそも建築とは何なのか？　建築史の中に横たわる大問題を解き明かす！

950 ざっくりわかる宇宙論　竹内薫
宇宙はどうはじまったのか？　宇宙は将来どうなるのか？　宇宙に果てはあるのか？　過去、今、未来を縦横無尽に行き来し、現代宇宙論をわかりやすく説き尽くす。

986 科学の限界　池内了
原発事故、地震予知の失敗は科学の限界を露呈した。科学に何が可能で、何をすべきなのか。科学者の倫理を問い直し「人間を大切にする科学」への回帰を提唱する。

1137 たたかう植物 ――仁義なき生存戦略　稲垣栄洋
じっと動かない植物の世界。しかしそこにあるのは穏やかな癒しなどではない！　昆虫と病原菌と人間の仁義なきバトルに大接近！　多様な生存戦略に迫る。

1157 身近な鳥の生活図鑑　三上修
愛らしいスズメ、情熱的な求愛をするハト、人間をも利用する賢いカラス……。町で見かける鳥たちの生活には、発見がたくさん。カラー口絵など図版を多数収録！

1263 奇妙で美しい 石の世界〈カラー新書〉　山田英春
瑪瑙を中心とした模様の美しい石のカラー写真とともに、石に魅了された人たちの数奇な人生や、歴史上の逸話、旅先の思い出など、国内外の様々な石の物語を語る。

1315 大人の恐竜図鑑　北村雄一
陸海空を制覇した恐竜の最新研究の成果と雄姿を再現。日本で発見された化石、ブロントサウルスの名前が消えた理由、ティラノサウルスはどれほど強かったか……。

ちくま新書

1234
デヴィッド・ボウイ
——変幻するカルト・スター
野中モモ
ジギー・スターダストの煌びやかな衝撃、『レッツ・ダンス』の世界制覇、死の直前に発表された『★』……常に変化し、世界を魅了したボウイの創造の旅をたどる。

1425
植物はおいしい
——身近な植物の知られざる秘密
田中修
季節ごとの旬の野菜・果物・穀物から驚きの新品種、香りの効能、認知症予防まで、食べる植物の「すごい」「おもしろい」「ふしぎ」な話題を豊富にご紹介します。

1135
ひらく美術
——地域と人間のつながりを取り戻す
北川フラム
文化で地方を豊かにするためにはどうすればいいのか。約50万人が訪れる「大地の芸術祭　越後妻有アートトリエンナーレ」総合ディレクターによる地域活性化論！

1442
ヒトの発達の謎を解く
——胎児期から人類の未来まで
明和政子
イヤイヤ期はなぜ起きる？　思春期に感情が暴走するのはなぜ？　デジタル化は脳に影響あるの？　ヒトの本質に焦点をあてて、脳と心の成長を科学的に解明する。

998
医療幻想
——「思い込み」が患者を殺す
久坂部羊
点滴は血を薄めるだけ、消毒は傷の治りを遅くする、抗がん剤ではがんは治らない……。日本医療を覆う、根拠のない幻想の実態に迫る！

1261
医療者が語る答えなき世界
——「いのちの守り人」の人類学
磯野真穂
医療現場にはお堅いイメージがある。しかし実際はあいまいで豊かな世界が広がっている。フィールドワークによって明らかにされる医療者の胸の内を見てみよう。

1333-4
薬物依存症【シリーズ　ケアを考える】
松本俊彦
さまざまな先入観をもって語られてきた「薬物依存症」。第一人者が、その誤解をとき、よりよい治療・回復支援方法を紹介。医療や社会のあるべき姿をも考察する一冊。